Melissa Joy Jonsson
Herzzentriert leben!

Melissa Joy Jonsson

Herzzentriert leben!

In Resonanz mit den 24 Bewusstseinsfeldern

Spielerische Übungen zu:
Das kleine Buch der großen Potenziale

VAK Verlags GmbH
Kirchzarten bei Freiburg

Titel der amerikanischen Originalausgabe:
Practical Play the Heart-Centered Way.
A Complementary Play Guide to Little Book of Big Potentials
© Melissa Joy Jonsson, 2015
ISBN 978-0-9915346-6-1
Erschienen bei: Heart-Field Productions, Inc., Seattle
Die Begriffe *M-Joy-Felder* und *Spiralglyphik* sind Handelsmarken von
Heart-Field Productions, Inc., Seattle.

Bibliografische Information der Deutschen Nationalbibliothek
Die Deutsche Nationalbibliothek verzeichnet diese Publikation in der Deutschen
Nationalbibliografie; detaillierte bibliografische Daten sind im Internet unter
http://dnb.d-nb.de abrufbar.

VAK Verlags GmbH
Eschbachstr. 5
79199 Kirchzarten
Deutschland
www.vakverlag.de

© VAK Verlags GmbH, Kirchzarten bei Freiburg 2017
Übersetzung: Dr. Birgit Mayer
Lektorat: Norbert Gehlen
Abbildungen: siehe Abbildungsverzeichnis
Coverabbildung: thinkstock
Coverdesign: Guter Punkt, München
Layout: Christoph Dedring, VAK
Satz: Sebastian Carl
Druck: MediaPrint GmbH, Paderborn
Printed in Germany
ISBN: 978-3-86731-193-9

Inhalt

Zu diesem Buch

Der praktische Leitfaden, den Sie in Händen halten, ergänzt als eine Art „Spielanleitung" den Inhalt von *Das kleine Buch der großen Potenziale*. Die hier vorgestellten Übungen entfalten zwar auch dann ihre Wirksamkeit, wenn Sie nur diejenigen Informationen über die 24 Bewusstseinsfelder haben, die die Übungen hier begleiten, doch idealerweise dient diese „Spielanleitung" dazu, die Erfahrungen mit den 24 Feldern, wie sie in dem eben genannten Buch beschrieben sind, zu erweitern und zu vertiefen. *Ausführliche* Darstellungen jedes Feldes und detailliertere Erklärungen der wissenschaftlichen Grundlagen, auf denen das herzzentrierte Gewahrsein und die interaktive Erschaffung der Realität beruhen, finden Sie in *Das kleine Buch der großen Potenziale*.

Viel Vergnügen beim Spiel mit den Feldern!

Melissa Joy

Feld 101

Herzfeld – Kohärenz – Innere Herrschaft

Ein Herzfeld ist eine Blase der Liebe, die mit allem verbunden ist. Es beherbergt zentrale Schlüssel für den Zugang zum ewigen Jetzt. Über das Herzfeld erschließen sich uns auch unser persönlicher und unser gemeinsamer Lebenszweck. Das Feld des Herzens stellt ein Tor zu allem dar, was ist, was war und was jemals sein wird. Wenn wir aus dem Herzfeld heraus leben und lieben, sind wir wahrhaftig „Spezialisten" des Herzens [engl.: *Heartists*], die wahre authentische Wünsche verwandeln und daraus tatsächliche Erfahrungen erschaffen können.

Das Feld des Herzens stellt eine Öffnung dar, durch die sich die Wahrheit als Einheit zeigt. Obwohl es seinem Wesen nach transpersönlich ist, ist es für jeden von uns etwas sehr Persönliches, denn im Herzfeld befindet sich alles, was wir wissen müssen, um ein außergewöhnliches, selbstmächtiges und bedeutungsvolles Leben zu leben. Das Herzfeld besitzt ein inneres Navigationssystem, das uns in all unseren Erfahrungen den Weg zu unserem wahren inneren „Nordpol" weist. Es ist grenzenlos und weiß auch all das, was der begrenzte Verstand vergessen haben mag.

Aus dem Herzfeld heraus zu leben und unsere Welt zu erfahren ist überhaupt nicht mehr schwer, wenn wir nur einfach damit aufhören, es *nicht* zu tun. Wenn wir konsequent aus dem Herzfeld heraus leben, versetzt uns das in die Lage, unser wahres authentisches Selbst zu verkörpern, und unterstützt das wahre authentische In-Beziehung-Sein. Da das Herzfeld die Dinge nicht zerpflückt, kann die Erfahrung, im Herzfeld zu sein, etwas sehr Vereinigendes an sich haben. Wir erleben uns dann vielleicht selbst als ein vollendetes Ganzes. Wir erleben uns dann vielleicht als unsere wahre Essenz der Liebe, bar jeder Programmierung. Wir erfahren vielleicht Selbstakzeptanz und Authentizität.

Wir erfahren uns vielleicht in einer Form von Vor-Erfahrung, als bedingungslose Liebe, als Essenz, noch ohne jegliche Prägung. Wir erfahren vielleicht das Bewusstseinspotenzial, noch bevor dieses Potenzial Ausdruck oder eine individuelle Ausprägung erfährt. Wenn wir aus dem Herzfeld heraus leben, ermöglicht uns dies Zugang zur Leichtigkeit als Anmut und Gnade in allem, mit dem wir in Beziehung sind, dem wir begegnen und was wir erfahren.

Der Versuch, die Erfahrung des Herzfelds mit dem Verstand zu erfassen, kann sehr bald an Grenzen stoßen. Der Verstand sortiert unsere Erfahrungen aus einem singulären Blickwinkel in Schubladen ein, während das Feld des Herzens keinen einzelnen Blickwinkel kennt, sondern alle Perspektiven als Teil von sich miteinschließt. Der Verstand als Prozessor dient der Abgrenzung und kann das unermesslich weite, grenzenlose Wesen des Herzfelds und unserer wahren Essenz in Form bedingungsloser Liebe gar nicht erfassen. Deshalb kann der Versuch, das Feld des Herzens mit dem Verstand zu begreifen, unsere Fähigkeit behindern, aus dem Herzfeld heraus zu *sein*, zu leben und zu lieben. Lassen Sie Ihr Verständnis davon mit der Erfahrung wachsen. Erleben Sie, wie es ist, im Herzfeld zu sein, und sachte wird sich Ihnen und durch Sie ein wahres, weises Verständnis offenbaren.

Lassen Sie sich spielerisch von den Gedanken, Programmen, Erwartungen und sogar Überzeugungen wegführen. Lassen Sie sich von der Großartigkeit unseres unendlich fraktalen Wesens mitreißen. Lassen Sie sich auf eine Reise des herzzentrierten Gewahrseins mitnehmen.

Erleben Sie die grenzenlose Wahrheit unserer Kernessenz, während wir zusammen im Feld des Herzens spielen. Auf diese Reise ins Herzfeld brauchen Sie sich nicht vorzubereiten. Kommen Sie einfach so, wie Sie sind. Sie sind *jetzt* schon dafür bereit, herzzentriert zu leben und zu spielen.

Das Feld des Herzens ist unser Tor zu einem Meer unendlichen Potenzials, zu einem weiten, ständig wachsenden Ozean der Potenzialität, aus dem alle Möglichkeiten als Wellen emporsteigen und mit der Küste unserer Realität verschmelzen. Dieser Ozean grenzenlosen Potenzials ist *in* uns und *umgibt* uns gleichzeitig. Diese Liebe ist in uns und umgibt uns gleichzeitig.

Am liebsten verbinde ich mich mit dem Herzfeld und erlebe den Ozean unendlicher Liebe, indem ich in meinem Gewahrsein das Meer aufsuche. Es kann sein, dass ich die Zeit völlig vergesse, während meine Gedanken auf die Schönheit des großartigen, unendlich weiten Ozeans gerichtet sind, der noch so viel weiter reicht als der Horizont, den ich ausmachen kann.

Für mich ist der Ozean ein Leuchtsignal für Feld 101, das herzzentrierte Gewahrsein. Feld 101 unterstützt unsere Fähigkeit, in all unseren Unternehmungen konsequent und beständig Zugang zum herzzentrierten Gewahrsein zu behalten. Wenn ich Feld 101 ein Signal geben will, dass ich mich ins Herzfeld sinken lassen möchte, sehe ich vor meinem geistigen Auge häufig das Meer. Ich finde mich ganz natürlicherweise im Herzfeld wieder, wenn ich den Wellen zuschaue und mich in jede Welle als jeweils wieder eine andere Möglichkeit hineinfühle. In jeder Wellenform steckt eine gewisse Symmetrie, die mit einer Asymmetrie gekoppelt ist – spiralförmig sich bewegende Wölbungen, die die Bewegung einer Welle vom einheitlichen Ozean des Potenzials hin zum Ausdruck von etwas Individuellem und Unterscheidbarem zu lenken scheinen. Wenn sich eine Welle am Strand bricht, scheint sie einen Augenblick lang vom Meer getrennt. Und dann, im Handumdrehen, kehrt jede Welle zu dem ungeteilten Meer zurück, aus dem sie kam. Und sogar während die Wellen aufs Land treffen und den weichen Sand mit all seinen einzelnen und gleichzeitig miteinander verbundenen Körnchen durchnässen, gibt es nie auch nur einen einzigen Punkt, an dem die Welle *nicht* Teil des Ozeans als eines Ganzen wäre.

Für uns gilt das genauso. Wir sind aufgetaucht aus einem Meer grenzenlosen, undifferenzierten Bewusstseinspotenzials, als bedingungslose Liebe, um unsere Individualität auszudrücken, und doch sind wir immer mit einer impliziten Ordnung des ungeteilten fließenden Ozeans des Alles verbunden. Wir sind immer noch das Alles, das alles als Individuum erfährt. Unendliches Potenzial. Unendlich viele Ausdrucksmöglichkeiten. Zahllose individuelle Ausprägungen. Unendliches Du.

Eine Welle, die sich mit Sandkörnern vermischt, bleibt dennoch mit dem Ozean verbunden. Auch als Individuen sind wir noch ein vollständiger Teil des ungeteilten Ozeans der Liebe, aus dem wir stammen. Das Feld des Herzens stellt diese ewig während Verbindung dar. Das Herzfeld ist dieses Erinnern. Das Herzfeld ist diese Präsenz und Erfahrung. Es ist dieser Raum der Gnade, wo ein Tropfen Wasser dem ewigen Ozean begegnet. Es ist das Herzfeld, wo die Entscheidung auf die Möglichkeit trifft. Im Herzfeld verschmilzt der individuelle Blickwinkel mit dem, was jeglichen Blickwinkels entbehrt und gleichzeitig alle Blickwinkel als Teil von sich selbst umschließt. Das Herzfeld ist es, wo das Nichts dem Alles begegnet. Das Herzfeld ist die Wahrheit dessen, wer wir sind.

Wenn ich den Ozean beobachte, ist das für mich, als würde ich der Bewegung der Liebe im *Flow* zusehen, als der kreativen Intelligenz des Universums. Die Wahrheit der Schönheit als Einheit bewegt sich spiralförmig in Wellen von Möglichkeit. Liebe ist die „Ewige Spirale". Wir sind Liebe, die sich bis in alle Ewigkeit als goldene Spirale durch die Wellen der Gnade dreht. Die goldene Spirale kennt keinen Beginn und kein Ende. In ihr begegnen einander unendliches Potenzial und unendlicher Ausdruck.

Jede Welle, die sich aus dem Meer erhebt, folgt dieser spiralförmigen Bewegung, die auf dem goldenen Schnitt beruht, mit ihrer proportionalen Einheit in Bezug auf sich. Das Feld des Herzens folgt ebenfalls genau dieser proportionalen Einheit in Bezug auf alles.

Das sind wir.

Liebe *ist* einfach und Liebe dreht sich in Beziehung zu … sich selbst. Liebe *ist* und Liebe dreht sich in Beziehung zu … allem.

Bereit für neue Erfahrungen? Dann lassen Sie uns beginnen …

Feld 101, das Feld der Kohärenz und des Herzfelds, kann das Signal zur Aktivierung ganz einfach über das Symbol des Ozeans empfangen. Lassen Sie uns zusammen spielen, als wären wir am Strand, und lassen Sie uns so das herzzentrierte Gewahrsein ganz mühelos erleben. Wir können beschließen, das Herzfeld von der Küste aus zu erfahren oder im Meer des Gewahrseins zu schwimmen oder uns in den sanften Strömungen des unendlichen Potenzials treiben zu lassen, als wären wir eins mit ihm. Wofür genau auch immer wir uns entscheiden, um unser Herz zu erfahren – es kann so mühelos sein wie ein Strandbesuch.

Atem der Möglichkeit
Stellen Sie sich jetzt vor, wir seien am Strand – an irgendeinem. Heute ist das unser Privatstrand. Wir können in Ruhe und ohne andere Strandbesucher miteinander spielen. Vielleicht bemerken wir, wie die Meeresbrise immer wieder in unser Haar fährt und die Wellen auf die weiter draußen liegenden Felsen krachen. Wir riechen die salzige.Meeresluft. Wir nehmen jetzt einen ganz tiefen Atemzug und füllen dabei unser ganzes Sein mit dem einen Atem allen ineinander verwobenen Lebens an. Beim Ausatmen lassen wir unser Gewahrsein in die Mitte unseres Brustkorbs strömen. Das fühlt sich gut an, also tun wir es noch einmal.

Atmen Sie Eins-Sein ein. Atmen Sie Liebe aus. Lassen Sie Ihr Gewahrsein nach unten in die Mitte Ihres Wesens sinken. Und noch einmal … Atmen Sie Möglichkeit ein. Atmen Sie Erfahrung aus. Atmen Sie Liebe ein. Atmen Sie Liebe aus. Wir spüren, wie wir uns mit jedem bewussten Atemzug, den wir machen, entspannen. Unser Körper wird weicher. Wir werden in unserer Wahrnehmung weicher. Wir fühlen uns präsent. Wir empfinden uns als weiter. Wir fühlen uns lebendig. Wir fühlen uns verbunden.

Wir haben uns gerade in unser Herz sinken lassen und es war so einfach wie das Atmen. Unsere Aufmerksamkeit zieht es nun zum Ozean. Wir wissen nun genau, in welche Richtung es zu diesem Ozean der Schönheit geht; Liebe als Wahrheit.

Barfuß im Sand

Wir ziehen unsere Schuhe aus und betreten den Sand. Unsere nackten Fußsohlen nehmen wahr, wie weich der Boden ist. Wir bemerken, dass jeder Schritt auf dem seidig glänzenden Sand einen einzigartigen Fußabdruck hinterlässt. Niemand sonst im Universum erzeugt den gleichen Fußabdruck; er ist Ihre einzigartige „Sohlensignatur". Und auch niemand sonst im Universum hat Ihre einzigartige spirituelle Seelensignatur. [Im Englischen werden sole = Sohle und soul = Seele gleich ausgesprochen. Anmerkung d. Übersetzerin]

Wir laufen barfuß zusammen über den Sand auf das nicht allzu weit entfernte Wasser zu. Während wir uns leichtfüßig und mühelos über den weichen Boden bewegen, sind wir eingeladen, alle Gedanken, Gefühle oder Empfindungen wahrzunehmen, die wir haben, während wir uns mit dem Strand verbinden, mit dem näher kommenden Ozean und der frischen Luft. Nehmen Sie wahr, wie Ihre Füße mit jedem Schritt zu schweben und zu gleiten scheinen und irgendwie immer perfekt in den Sand passen, ganz egal, wo sie sie hinsetzen. Sie fühlen sich mit dem Sand verbunden, als wäre er passgenau für Sie und den Komfort Ihrer Füße gemacht.

Dieses Gefühl des Barfußlaufens im weichen Sand ähnelt dem, das man hat, wenn man sich ins Herzfeld sinken lässt, weil wir uns dann ebenfalls verbunden und wohl fühlen. Es fühlt sich leicht an. Weich. Natürlich. Wir haben ein Gefühl der Verbundenheit mit uns selbst und gleichzeitig mit etwas Größerem als wir, was auf einer tieferen impliziten Ebene dennoch auch irgendwie wir sind. Wenn wir unser Gewahrsein in unser Herz lenken, nehmen wir vielleicht wahr, dass sich unser Körper entspannt und vielleicht sogar so weich wird wie der Sand. In der Tat ist das Barfußlaufen im Sand (oder die Vorstellung davon) ein Weg, uns ganz mühelos in unser Herz „hineinzuspielen". Wir lassen uns einfach darüber ins Herz sinken, dass wir uns dafür entscheiden, die Verbindung zu erleben und wahrzunehmen.

Wenn wir nun unsere Aufmerksamkeit auf die Abdrücke unserer Füße im Sand lenken, fällt uns auf, dass der Sand feucht wird, als ob sich Wasser zwischen die einzelnen Körnchen geschoben hätte. Diese neue Empfindung lässt uns sofort nach vorne schauen. Wir sind an der Küste, da, wo Sand und Wasser einander begegnen.

Von da, wo wir im Sand gerade stehen, können wir ohne Anstrengung sehen, wie sich das Meer in alle Richtungen bis zum Horizont erstreckt. Zu unserer Linken und zu unserer Rechten, und auch direkt vor uns sehen wir die Schönheit des Ozeans. Und egal, wohin wir schauen – fast überall sehen wir das Meer, die Wellen und die endlosen kleinen Bewegungen an der Wasseroberfläche.

Wir sind mitten im Ozean, dem Symbol für das Meer unendlichen Potenzials, für das Fließen der grenzenlosen Liebe und kreativen Intelligenz, in dem wir, wenn wir wollen, vom Herzfeld aus SPIELEN können. Wir sind Zeugen der Widerspiegelung der Liebe. Wir sind Zeugen unseres eigenen unbegrenzten Potenzials, das sich ebenfalls im Feld des Herzens befindet.

Achten Sie einmal darauf, wie das helle Sonnenlicht von der Meeresoberfläche reflektiert wird. Jede Welle schimmert und leuchtet in ihrer ureigenen Pracht. Sonne und Meer räkeln und „sonnen" sich in ihrer gegenseitigen Widerspiegelung. Selbst wenn Wolken oder sogar Gewitterwolken am Himmel sind oder wenn es dunkel wird, ist die Sonne für das Meer immer präsent und das Meer ist immer für die Sonne da. Liebe strahlt. Liebe spiegelt wider. Liebe ist in Beziehung. Liebe ist freudig erregt von ihrem eigenen Gewahrsein von sich.

Wenn die Meereswellen so an Land gespült werden, bemerken Sie, dass sich die Oberfläche des Bodens durch das kontinuierliche Fließen von Ebbe und Flut in ihrer Form verändert. Eine sanfte Brise erzeugt immer wieder kleine Wellen in den Sanddünen, soweit das Auge reicht; und ein ganz ähnliches Bild bietet sich beim Blick auf das Meer. Auch im Herzfeld gibt es diese kleinen Wellenbewegungen, die endlosen Fraktalen ähneln ... und in endloser fraktaler Ausdehnung begriffen sind.

So selbstverständlich, wie wir atmen, sind wir auch weiterhin im Herzfeld. Wir haben gar nicht darüber nachgedacht. Wir haben uns keine Sorgen gemacht. Wir haben gar nichts getan. Wir sind einfach dadurch hier angekommen, dass wir Zeugen der Spiegelungen der Liebe wurden. Wir sind in uns selbst zentriert. Wir fühlen uns lebendig, verbunden, präsent und weit. Wir haben ein Gefühl des „Bewegt-Seins" in unserem Gewahrsein, wenn wir Schönheit sehen. Wir empfinden vielleicht ein inneres Wissen, das jedes intellektuelle Verstehen transzendiert. Dieses Wissen, ohne dass wir genau wüssten, woher und warum, ist eines der Anzeichen dafür, dass wir im Herzen sind.

Vielleicht steigt völlig grundlos ein Gefühl der Freude in uns auf. Das ist die pure Freude am Dasein. Wir sind frei darin, zu fühlen, was wir fühlen. Was auch immer wir bemerken, fühlen oder erleben ist in Ordnung. Vertrauen Sie dem. Vielleicht spüren wir die Liebe, die wir zu uns selbst haben. Möglicherweise zeichnet sich ganz sachte eine Form von Selbstgewahrsein ab, die nichts mit unsicherer Selbstbeobachtung zu tun hat, sondern mit einer Wahrnehmung der Liebe zu uns selbst, die uns Sicherheit vermittelt.

Möglicherweise sind wir versucht, uns zu fragen, ob wir wirklich im Herzen sind. In dem Augenblick, wo diese Frage auftaucht, kann es gut sein, dass unsere Wahrnehmung zu den Gedanken wandert. Lassen wir das also besser bleiben und lassen wir uns stattdessen von dem faszinierenden Wissen verzaubern, dass wir das Feld des Herzens *sind*. Wir *sind* es einfach. So, wie auch die Wellen sich nicht fragen, ob sie Ozean sind, können wir uns in dem Wissen entspannen, dass wir *immer* das Feld des Herzens sind. Wir *sind* Liebe. Wir sind unendliches Potenzial. Wir sind das Feld des Herzens und wir können dem Erleben vertrauen, das wir haben, wenn wir uns mit diesem inneren Meer der Liebe, Kraft und Macht und grenzenlosen kreativen Intelligenz verbinden.

Um uns den Zugang zum Herzfeld noch weiter zu erleichtern, wollen wir vielleicht ein äußeres Konstrukt zu Hilfe nehmen, auf das wir unsere Aufmerksamkeit richten können und das das Herzfeld repräsentiert. Eine Möglichkeit, die großen Spaß macht, besteht darin, sich etwas vorzustellen, was ich als Blase der Liebe bezeichne. Ich stelle mir das Herzfeld häufig gerne als eine kreisförmige, transparente Blase der Liebe vor, die mich umgibt. Anstatt mich also in mein Herzfeld sinken zu lassen, nehme ich mich einfach in der Mitte dieser „Herz-Blase" oder „Liebes-Kugel" wahr, die das Herzfeld repräsentiert.

Es kann sein, dass ich sehe, wie diese Blase der Liebe sich über die Armeslänge hinaus in alle Richtungen ausdehnt, oder nur so weit, dass ich ihre Grenzen immer noch erreichen könnte. Bei einer anderen Gelegenheit strecke ich vielleicht meine Arme und Beine in alle Richtungen aus und kann in meiner Vorstellung die weit draußen liegenden Grenzen dieser immer und überall präsenten Herz-Blase der bedingungslosen Liebe trotzdem nicht berühren. Meine Blase der Liebe kann sich also abhängig von meiner Wahrnehmung, meinen Vorlieben und meiner Entscheidung im jeweiligen Moment ausdehnen oder zusammenziehen. Mein Gewahrsein enthält das Feld des Herzens, doch mein Herzfeld wird nicht von meinem Gewahrsein begrenzt.

Vielleicht wollen wir im Meer der Liebe *schwimmen*, im Meer des unendlichen Potenzials, im Feld des Herzens. Wir können uns nach Belieben im Meer treiben lassen, während wir in der Blase der Liebe zentriert sind.

Eine weitere Möglichkeit besteht darin, dass wir vielleicht auf den Sand hinunterblicken und zwei große Schwimmreifen wahrnehmen, einen in Neongrün, den anderen in leuchtendem Gelb. Wir nehmen uns jeweils einen und gehen in Richtung Wasser. Unsere Blase der Liebe lassen wir am Strand zurück.

Wir hieven uns nun beide gleichzeitig den Schwimmreifen über den Kopf und lassen ihn in Richtung Brustkorbmitte hinunterrutschen. Unsere Aufmerksamkeit folgt dieser Bewegung. Machen Sie das einfach mal: Lassen Sie solch einen bequem großen Schwimmreifen vom Kopf zur Brustmitte rutschen beziehungsweise dahin, wo es sich für Sie angenehm anfühlt. Es gibt keinen richtigen oder falschen Platz für ihn. Folgen Sie seinem Weg von oberhalb Ihres Kopfes den Hals entlang nach unten und noch weiter hinunter in Richtung Körpermitte. Lassen Sie Ihre Arme bequem auf dem Reifen ruhen.

Dieser Schwimmreifen repräsentiert das Herzfeld. Das Feld des Herzens ist nicht mit dem körperlichen Herzen oder dem Herzchakra gleichzusetzen. Es ist ein Schlauch- oder Röhrentorus, ähnlich einem Donut oder eben einem Schwimmreifen mit zwei sich gegenläufig zueinander drehenden Feldern. Mithilfe dieses Symbols können wir feststellen, worauf wir unsere Aufmerksamkeit gerade richten. Das Herzfeld schließt uns allerdings alle mit ein, da es *alles* als Teil von sich umfasst. Sogar unsere Füße sind Teil davon. Somit können wir also durchaus im Herzen sein, während wir wahrnehmen, dass wir unsere Fußabdrücke im Sand hinterlassen.

Während wir im Herzen bleiben, machen wir sachte ein paar
Schritte vorwärts und gehen ins Wasser. Unser Schwimmreifen gibt
uns Auftrieb, wir stoßen uns rasch vom sandigen Untergrund ab
und gleiten dahin. Wir überlassen uns der Strömung und den kleinen Wellen an der Meeresoberfläche. Sehr bald, eigentlich schon
jetzt, bemerken wir, dass jedes Gefühl der Getrenntheit von einem
Gewahrsein von *Flow* abgelöst wird. Es ist, als hätten sich Körper
und Geist im Meer aufgelöst. In diesem Gefühl der Verschmel-
zung können wir nicht sagen, wo wir aufhören und wo der Ozean
beginnt. Wir empfinden totalen Frieden.

Das ist Wahrheit als Einheit. Aus dem Feld des Herzens heraus
und verbunden mit dem Meer des grenzenlosen Potenzials haben
wir Zugang zu all den Möglichkeitswellen, die in diesem riesigen
Ozean unseres erweiterten Gewahrseins vorhanden sind. Worauf
wollen wir unseren Blick richten? Auf welcher Welle wollen wir reiten? Wofür entscheiden wir uns? Für den Moment sind wir zufrieden damit, uns als eins im Ozean treiben zu lassen, im Feld des
Herzens eins mit Allem. Eins mit Feld 101. Eins mit der Liebe. Eins.
Einfach nur eins.

$\mathcal{F}\!el\!\partial$ 102

Verbindung – Kongruenz – Mitgefühl – Zusammenwirken

Im *Flow* des Meeres des unendlichen Potenzials, zu dem wir über das Herzfeld Zugang finden, haben wir die Kraft und Macht, zu wählen, womit wir in Resonanz sein wollen. Wir können wählen, auf welcher Welle wir reiten und in welchem Feld wir spielen wollen. Wir können wählen, womit wir uns verbinden wollen. Resonanz ist Verbindung. Unsere Resonanz bestimmt jeweils, welche Welle uns trägt und von welcher Strömung wir uns mitnehmen lassen, die dann letztlich den Impuls erzeugt, der wiederum unsere Erfahrungen hervorbringt. Feld 102 unterstützt uns in allem, was Verbindung betrifft.

Feld 101 ist das Feld des Herzens und das Meer der Liebe und des grenzenlosen Potenzials. Feld 102 ist kongruente Verbindung, Gemeinschaft, spiegelt sich im Zusammenwirken wider und vereint alles in der Vollendung der Ganzheit. Feld 102 unterstützt uns in unserer Verbindung zu jedwedem Bewusstseinsfeld mit müheloser Leichtigkeit und Anmut und Gnade im *Flow*.

Wir lassen uns im Meer des unendlichen Potenzials treiben und sind dabei in unseren Blasen der Liebe zentriert oder erhalten Auftrieb von unserem inneren „Schwimmreifen" als Symbol für das Herzfeld. Von hier aus haben wir Zugang zu allem. Von diesem Ort aus können wir uns mit jedwedem Feld verbinden.

Wir blicken in den Himmel und bemerken einen Schwarm von Staren, der über uns hinwegfliegt. Hunderte Vögel fliegen zusammen, als wären sie ein einziger. Sie „fließen" und „kurven" gemeinsam hierhin und dorthin, völlig synchron, und für den Betrachter ist es schwierig, einzelne Vögel auszumachen. Weitere Vögel kommen hinzu, synchronisieren sich mit dem Schwarm und werden wie durch Zauberhand sofort ganz natürlich eingebunden.

Während wir uns ganz friedlich im Meer der Liebe treiben lassen, blicken wir auch nach unten und sehen im klaren Wasser Schwärme von Fischen, die sich so harmonisch miteinander bewegen, dass es sich nicht einfach nur über ihre Nähe zueinander erklären lässt. Selbst der Fisch am äußersten Rand des Schwarms ist der Bewegung seines Artgenossen in der Mitte der Gruppe sofort gewahr und schwimmt synchron mit den Fischen am gegenüberliegenden Rand des Schwarms. Es ist, als gäbe es keine Distanz zwischen ihnen, denn sie sind in der fließenden Bewegung wie eins.

Das Signal zur Verbindung mit Feld 102 lässt sich ganz einfach mit dem Symbol solch eines Vogel- oder Fischschwarms geben. Deren synchronisierte, fließende Bewegung kann für unsere bewusste Verbindung mit Feld 102 stehen. So, wie wir uns verbinden, so erleben wir auch.

Stellen Sie sich nun einmal vor, Sie wollten sich mit einem *neuen* Feld verbinden, um in Ihrem Liebeshologramm etwas Neues und anderes zu erleben. Mithilfe von Feld 102 können Sie das Fließen dieses anderen Feldes auslösen und seine Verbindung zu Ihnen aktivieren.

Bereit für neue Erfahrungen? Dann lassen Sie uns beginnen ...

Zentrieren Sie sich in Ihrer Blase der Liebe, Ihrem Herzfeld oder Ihrem Schwimmreifen-Konstrukt, um Ihr herzzentriertes Gewahrsein zu verstärken. Wenn Sie möchten, geben Sie Feld 101 das Signal, dass Sie sich dabei Unterstützung wünschen.

Mit der Intention, sich mit Feld 102 zu verbinden, rufen Sie nun das Symbol eines Fisch- oder Vogelschwarms auf. Spüren Sie sich in die Felderfahrung hinein, als würden Sie die Bewegung eines Feldes in Form und Aktion beobachten. Während Sie dieser Verbindung gewahr bleiben, lassen Sie sich von Feld 102 darin unterstützen, sich mit dem Feld Ihrer Wahl zu verbinden.

Was fällt Ihnen auf, wenn Sie sich mit Feld 102 und dem neuen Feld, das Sie gewählt haben, verbinden? Welche Wahrnehmungen, Gefühle oder Empfindungen haben Sie dabei? Welche Gedanken oder Erlebnisse kommen Ihnen in den Sinn? Wenn Sie möchten, schreiben Sie sich auf, was Ihnen auffällt. Wie wird sich die Verbindung zu dem von Ihnen gewählten Feld eventuell auf Ihre Erfahrungen auswirken? Seien Sie aufmerksam. Bleiben Sie mithilfe Ihrer Verbindung zu Feld 102 in der Verbindung zum gewählten Feld präsent. Gestatten Sie Ihrem Gewahrsein, auf dieses Feld kongruent ausgerichtet zu bleiben, während Sie in Ihrem Herzen einen Zustand der Kohärenz bewahren. Die Kohärenz vom Herzen her bei gleichzeitiger Ausrichtung des Gewahrseins auf ein Feld Ihrer Wahl aktiviert immer einen Feldfluss, der sich in Ihrem Liebeshologramm auswirken wird. Achten Sie auf die Signale der Intention, die von dem von Ihnen gewählten Feld im Gegenzug zu Ihnen zurückkehren. Denken Sie daran, dass ein Signal der Intention jeweils die entsprechende symmetrische Welle des gewählten Feldes aktiviert. Sie werden nie einen Feld-*Flow* aktivieren, der nicht Ihrer Intention entspricht. Feld 102 verbindet Sie jederzeit und überall mit jedem beliebigen anderen Feld.

$\mathcal{F}$eld 103

Neutralität – Loslösung von Wertungen und Anhaftungen

Wir sind im Herzfeld, in unserer Blase der Liebe, zentriert und haben den Prozess aktiviert, in dessen Rahmen wir wählen, wo in diesem Meer grenzenlosen Potenzials wir mitschwingen, in Resonanz sein wollen. Nun, da wir in unserem Liebeshologramm auf neue und befreiendere Art spielen und dabei schöpferisch tätig werden, ist es wichtig, unseren Erfahrungen und Manifestationen gegenüber neutral zu bleiben und uns oder andere nicht dafür zu bewerten oder zu verurteilen.

Unser Herz ist zwar neutral, doch unsere Gedanken und Emotionen sind vielleicht „geladen"; dies hält unser Denken in einem polarisierten Zustand fest. Feld 103 unterstützt uns in der Kunst und Wissenschaft der Neutralität und darin, zu leben, ohne zu werten.

Unsere Bewertungen und Urteile über uns, über andere und darüber, wie wir meinen, dass die Realität zu sein hätte, sind beschränkte Beobachtungen, die uns belasten und hinunterziehen, wie schwere Anker, die jegliche Bewegung in unserem Gewahrsein verhindern und neue Erfahrungen nicht einfach ungehindert entstehen oder fließen lassen. Urteile erzeugen einen gefährlichen Sog, in dem Veränderung unmöglich ist. Wertungen zweigen einige wenige Bestandteile des Ozeans der Liebe, des grenzenlosen Potenzials, ab und halten Kraft und potenzielle Möglichkeiten in der abwärts gerichteten Spirale unserer einschränkenden Wahrnehmungen gefangen.

Feld 103 hilft uns dabei, uns von Wertungen und Urteilen zu befreien. Dies ermöglicht uns eine Haltung der Neutralität und so können wir neue Wege in der Realität unseres Liebeshologramms kreieren.

Somit unterstützt uns Feld 103 also in einer neutralen Haltung, die sich zum Beispiel darin zeigen kann, dass wir in uns keine emotionale Ladung mehr für oder gegen etwas wahrnehmen. Feld 103 ermöglicht es uns, ganz präsent im gegenwärtigen Moment zu fließen. Dies ist ein Geschenk der Gnade.

Als Signal für Feld 103 mag das Symbol des Nautilus dienen. [Nautilus = Tiergattung aus der Familie der Perlboote oder Kopffüßer; Anm. d. Verlags] In seiner spiraligen Schale findet sich der goldene Schnitt wieder und lässt eine Spirale der Liebe entstehen, die in ihren Proportionen Einigkeit und Symmetrie mit sich selbst und die Asymmetrie der Fibonacci-Reihe spiegelt.

Das Hauptmerkmal des Nautilus ist seine große, schneckenhausähnliche Schale, die spiralförmig aufgerollt ist und deren innerste Schicht aus Perlmutt besteht. Dieses Gehäuse hat bis zu dreißig Kammern, über die der Auftrieb reguliert wird. Ein Querschnitt der Nautilus-Schale offenbart seine Wachstumzyklen als Reihe von Kammern, die in ihrer Anordnung genau der goldenen Spirale entsprechen.

Funktional nützlich ist das Gehäuse des Nautilus vor allem wegen seiner Fähigkeit, den Auftrieb an die veränderlichen Meeresströmungen anzupassen. Dies spiegelt eine kreative Intelligenz wider, die wir uns zur Stärkung der Resonanz mit der Neutralität zunutze machen wollen, wenn wir uns der Kunst der interaktiven Erschaffung der Realität widmen.

In den Weiten des Ozeans, in denen der Nautilus schwebt, ist dieses Gehäuse mit seinen vielen Kammern sein Zuhause. Interessanterweise ist es keine schwere Last, sondern bietet ihm die Möglichkeit, den Auftrieb zu regulieren. Der Nautilus benutzt diese Struktur also, um einen neutralen Auftrieb zu bewahren. Über sein Gehäuse hat dieses intelligente Geschöpf Zugang zur Neutralität in einem dynamischen Ozean der Veränderung – indem es die innersten Kammern mit einem luftähnlichen Gasgemisch füllt, das einen neutralen Auftrieb gewährleistet.

Die Schale des Nautilus ist ein Symbol für Neutralität, das in seinen Proportionen Symmetrie und Asymmetrie aufweist – eine auf vollkommene Weise unvollkommene Physik, die Physik der Liebe. Wir nutzen diese intelligente Struktur zur Stärkung unserer Resonanz mit dem Feld der Neutralität. Deshalb ist sie unser Symbol für Feld 103. (Selbstverständlich dürfen Sie auch ein anderes Symbol für sich wählen, wenn es für Sie stimmiger ist.)

Bereit für neue Erfahrungen? Dann lassen Sie uns beginnen ...

Lassen Sie sich in Ihr Herz sinken und *seien* Sie einfach. Zentrieren Sie sich dazu in Ihrer Blase der Liebe, wenn Sie möchten, oder wenn Ihnen das lieber ist: in Ihrem Schwimmreifen-Konstrukt, um sich des herzzentrierten Gewahrseins bewusst zu werden. Sie können auch über ein Signal an Feld 101 Unterstützung anfordern. – Aus diesem Raum des herzzentrierten Gewahrseins und der Kohärenz heraus lassen Sie etwas aus Ihrem Leben in Ihrer Wahrnehmung auftauchen, was Sie verändern möchten. Das kann eine Situation sein, eine Beziehung oder sogar ein globales Muster.

Lassen Sie irgendein Symbol, eine Farbe oder einen Gegenstand in Ihrem Gewahrsein auftauchen, die das wahrgenommene Muster repräsentieren sollen, das Sie verändern wollen. Lassen Sie dieses Symbol in Ihrer Wahrnehmung in der Luft schweben – außerhalb Ihrer Blase der Liebe oder Ihres Schwimmreifens. Achten Sie auf die Position des Symbols im Verhältnis zu Ihnen: Ist es direkt vor Ihnen, schwebt es eher links von Ihnen oder irgendwo hinter Ihnen? Achten Sie einfach auf seine Position, ohne zu werten oder an Ihrer Wahrnehmung zu zweifeln.

Bleiben Sie weiterhin im Herzfeld und bestimmen Sie nun eine

Position für Feld 103, die Neutralität, und lassen Sie das Gehäuse des Nautilus dort in der Luft schweben. Vertrauen Sie dem, was sich für Sie richtig anfühlt. Es spielt keine so große Rolle, wo genau Sie die Nautilus-Schale platzieren. Viel wichtiger ist, dass Sie wählen. Wählen Sie einfach.

Achten Sie nun einfach darauf, wo sich das Nautilus-Gehäuse in Bezug auf dasjenige Symbol befindet, das repräsentiert, was Sie ändern wollen. Machen Sie sich bewusst, dass das Nautilus-Gehäuse für den neutralen Auftrieb im Meer der Liebe, dem grenzenlosen Potenzial, steht, und schieben Sie mit Ihrer Aufmerksamkeit das Symbol dessen, was Sie ändern wollen, sachte dort hinein.

Welche Wahrnehmungen, Gefühle oder Empfindungen haben Sie nun, da sich das Muster, das Sie verändern wollen, in den neutralen Auftrieb des Nautilusgehäuses integriert hat? Welche Gedanken oder Erlebnisse kommen Ihnen in den Sinn? Machen Sie sich Notizen, wenn Sie möchten.

Wenn die Integration abgeschlossen ist, wenn also das Symbol seinen Platz im Nautilus-Gehäuse gefunden hat, achten Sie genau darauf, was der Nautilus von sich aus macht. Bleibt er an seinem Ort? Falls ja, lassen Sie ihn da einfach. Oder sinkt er in Ihrer Wahrnehmung nach unten, schwebt er von Ihnen weg oder steigt er auf? Falls das der Fall ist, bedeutet es symbolisch, dass der Nautilus seinen neutralen Auftrieb nun mit diesem neuen „Bewohner" beziehungsweise Bewusstseinsmuster an Bord erst wieder neu einstellen muss. Um jegliche positive oder negative Ladung loszuwerden, die seine Auftriebsneutralität beeinträchtigt, sehen Sie von Ihrem Herzfeld aus einen Strom weißer Licht-Liebe, wie er die Kammern des Gehäuses füllt, in denen sich das Symbol befindet, das Sie verändern möchten. Lassen Sie dieses Licht der Liebe weiter in das Gehäuse strömen, bis der Nautilus sich wieder dorthin begibt, wo Sie ihn ursprünglich als neutral schwebend wahrgenommen haben.

Wenn er sich in dieser neutralen Position befindet, was bemerken Sie dann bezüglich des Musters, das Sie ursprünglich verändern wollten? Welche Wahrnehmungen, Gefühle oder Empfindungen haben Sie? Welche Gedanken oder Erlebnisse kommen Ihnen in den Sinn? Wenn Sie möchten, machen Sie sich Notizen.

Wie könnte diese Verbindung zu Feld 103, der Neutralität, durch das Symbol des Nautilus die Art und Weise beeinflussen, wie Sie zu diesem Muster stehen? Wie fühlt es sich für Sie an, neutral zu sein? Wie könnte die Neutralität über Feld 103 andere Erfahrungen und Erlebnisse in Ihrem Liebeshologramm günstig beeinflussen? Nutzen Sie den Nautilus und Feld 103 immer dann, wenn Sie bemerken, dass Sie ins Verurteilen rutschen, oder wenn Sie das Bedürfnis haben, sich von einer emotionalen Ladung für oder gegen ein Muster zu befreien. Neutralität ist die Freiheit, im Interesse der Liebe mit Veränderungen mitzufließen.

Feld 104

Behältnisse – Schöpfung – Strukturieren der Realität für Manifestationen

Feld 104 ist das Feld der sich spiralförmig drehenden Torsionsfelder, die sich ineinander verschachteln, um Materie und Erfahrungen hervorzubringen. Da sie ja Informationsträger sind, ermöglicht ihre Verschachtelung es den geometrischen Formen der Liebe, sich in unserem Liebeshologramm zu spiegeln. Bei diesen Geometrien kann es sich um physische Strukturen oder auch um resonante Erfahrungen handeln. Auch wenn dies ein Feld von Spiralen ist, die mit Potenzial angefüllt sind, kann es nützlich sein, Gitternetze oder Schablonen zu kreieren, mithilfe derer wir den spiralförmigen Manifestationsprozess unserer Schöpfungen organisieren können. So wenden wir uns auf unserer Suche nach einem effizienten Weg, Feld 104 zu nutzen, wieder der Natur zu. Was für die universelle kreative Intelligenz funktioniert, wollen auch wir für uns wirken lassen.

In allem, was wir tun, liegt unser Fokus weiterhin darauf: vom Feld des Herzens aus zu sein und zu leben. Nun allerdings wollen wir das im Geiste der Bienen tun.

Bienenwaben – das Sechseck

Haben Sie sich je gefragt, warum die Honigbiene ihre Waben als Sechsecke anlegt?

Thomas Hales konnte 1999 in der sogenannten *Honeycomb Conjecture* (im Internet zu finden unter: www.math.lsa.umich.edu/~hales/countdown/honey/) beweisen, dass das Sechseck die effizienteste und kompakteste aller geometrischen Formen ist, die den Bienen für den Bau ihrer Waben zur Verfügung steht. Zwar nutzen nicht alle Bienen diese Struktur, doch in sie kann man am effizientesten große Mengen an Informationen in drei Dimensionen verpacken, speichern und wieder abrufen. Deshalb lassen wir uns von der weisen Honigbiene leiten, wenn es darum geht, unsere wahren authentischen Wünsche, sozusagen den „Honig unseres Herzens", in unserem Liebeshologramm zu manifestieren.

Das Sechseck in der Wissenschaft

In der Wissenschaft interessiert man sich aufgrund seiner unglaublichen elektrischen Leitfähigkeit und damit der Fähigkeit zur Energieübertragung nun auch für die hexagonale Struktur von Graphen als eine Form freier Energie. Graphen ist zurzeit das dünnste Material, das man in der Wissenschaft kennt. Gleichzeitig ist es aber auch unvorstellbar stark und sehr biegsam, sodass es sich auch bis zu einem bestimmen Grad verdrehen und verbiegen lässt, ohne zu zerbrechen.

Was ich am Sechseck faszinierend finde ist die Tatsache, dass es einen Schlauchtorus (ein „Donut") bildet, wenn man es um 180° dreht und die beiden „Enden" miteinander verbindet. Und dieser Torus ähnelt ja unserem Herzfeld. Somit scheint das Sechseck eine ideale Struktur zu sein, mithilfe derer man eindimensionale formlose Informationen in eine zweidimensionale Struktur packen kann, um dreidimensionale Materie und Erfahrungen zu kreieren. Für Feld 104 soll deshalb die sechseckige wabenförmige Struktur unser Symbol sein. (Selbstverständlich dürfen Sie auch ein anderes Symbol für sich wählen, wenn Sie das lieber möchten.)

Bereit für neue Erfahrungen? Dann lassen Sie uns beginnen ...

Zentrieren Sie sich nun in Ihrer Blase der Liebe. Wenn Sie möchten, geben Sie Feld 101 das Signal, Sie in Ihrem Zugang zum herzzentrierten Gewahrsein zu unterstützen. Denken Sie dann an etwas, was Sie wahrhaft gern manifestieren würden. Das mag ein Erlebnis sein, eine Beziehung, ein neuer Job, ein neues Haus oder irgendetwas anderes, was Sie sich wirklich und authentisch wünschen. Senden Sie Feld 104 ein Signal für das Strukturieren der Realität. Projizieren Sie in Ihrer Vorstellung aus dem Herzfeld heraus eine weitere Blase der Liebe vor sich. Die Größe dieser Blase bleibt ganz Ihnen überlassen und Sie können sie auch jederzeit verändern, um sie an die im Prozess befindlichen Manifestationen anzupassen.

Im Geiste der Honigbienen, nach ihrem Vorbild, lassen Sie in der Blase der Liebe vor Ihnen ein beliebig großes Sechseck erscheinen. Verbinden Sie sich mit der gewünschten Manifestation (nutzen Sie dafür ruhig Feld 102, wenn Sie wollen), lassen Sie sie als Wort oder Gegenstand vor Ihrem inneren Auge auftauchen und schieben oder geleiten Sie dieses Wort oder diesen Gegenstand nun in das Sechseck in der Blase der Liebe vor Ihnen.

Kreieren Sie drei weitere Sechsecke, die mit dem ursprünglichen verbunden sind. Fragen Sie sich aus dem Herzfeld heraus, welche zusätzlichen Informationen als „Zutaten" benötigt werden, um diesen wahren authentischen Wunsch zu manifestieren. Lassen Sie drei Schlüsselkomponenten auftauchen und platzieren Sie sie in jeweils einem der Sechsecke, die mit dem zu manifestierenden Gegenstand verbunden sind. – Ausgezeichnet!

Fragen Sie sich, ob eventuell mehr als drei wichtige Komponenten für diese Manifestation nötig sind. Falls dem so ist, können Sie ruhig beliebig viele weitere Sechsecke mit den anderen verbinden und sie mit den Informationen oder Ideen füllen, die Ihnen dazu in den Sinn kommen.

Sobald Sie das Gefühl haben, dass Sie die Blase der Liebe mit allen sich spiralförmig drehenden Potenzialitäten befüllt haben, die Sie brauchen (wobei durch die Verbindung der Sechsecke untereinander ein effizienter Informationsaustausch gewährleistet ist), fühlen Sie sich in diese Manifestation hinein, als gäbe es sie bereits.

Was bemerken Sie? Welche Wahrnehmungen, Gefühle oder Empfindungen haben Sie, wenn Sie sich mit dieser Manifestation verbinden, als wäre sie in Ihrem Liebeshologramm bereits vorhanden?
Welche Gedanken oder Erlebnisse kommen Ihnen da in den Sinn?
Machen Sie sich Notizen, wenn Sie Lust dazu haben. Der Manifestationsprozess hat bereits begonnen. Und er wird sich durch unsere
bewusste Verbindung mit weiteren Feldern, die uns im Manifestieren unterstützen, fortsetzen.

Feld 105

Empfänglichkeit – Intuition – Zuhören – Entwicklung der Manifestation

Feld 105 hat einen günstigen Einfluss auf die Manifestation wahrer authentischer Wünsche, denn es stärkt unsere Empfänglichkeit, Intuition und unsere Fähigkeit hinzuhören – lauter bedeutsame Facetten der interaktiven Erschaffung der Realität in unserer Blase der Liebe. Dieses Feld hat Obertöne der heiligen weiblichen Essenz, deren Merkmale die Intuition, die Bereitschaft, alles mit einzubeziehen, die Empfänglichkeit und die Gemeinschaft sind.

Wenn wir Unterstützung darin brauchen, uns bewusst mit Feld 105 zu verbinden, nehmen wir wieder Anleihen in der geheimen und magischen Welt der Honigbiene. Die Honigbiene, ja, eigentlich die Biene im Allgemeinen, war und ist seit Menschengedenken ein Symbol des göttlichen Weiblichen. Die Honigbiene selbst verlässt sich auf ihr intuitives inneres Wissen, ein inneres Navigationsgerät, das der Biene genau sagt, wo sie hinfliegen und was sie als Nächstes tun soll. Diese faszinierenden Geschöpfe wagen sich aus ihren Stöcken und begeben sich immer wieder auf die Reise, um Nahrung für alle zu sammeln – für das Kollektiv. Das gesamte Bienenvolk arbeitet zusammen und folgt seinem angeborenen intuitiven Steuerungssystem.

Jede Biene hat ihre ganz eigene Aufgabe, die sich nahtlos in das Gesamte fügt. Jede Biene ist wichtig und füllt ihre persönliche Rolle bestmöglich aus. Bienen sind höchst intuitive Wesen, die ihren Lebenszweck im Sinne von „eine für alle und alle für eine" erfüllen.

Wir wählen die Honigbiene als Symbol für Feld 105, damit wir beständiger und konsequenter Zugang zu unserer Intuition haben. (Selbstverständlich können Sie ein anderes Symbol für sich wählen, wenn Sie das lieber möchten.) Wie die Honigbiene können auch wir unsere Empfänglichkeit für das uns innewohnende intuitive Wissen ganz fein einstellen. Feld 105 unterstützt das resonante Wahrnehmen der Intuition, wann immer wir uns dafür entscheiden.

Für mich bedeutet Intuition, etwas zu wissen, ohne zu wissen, woher ich es weiß. Sie ist eine korrekte Ahnung, jenseits der alltäglichen Sinne, die uns ja eine „greifbarere" Wahrnehmung liefern. Wir können die Information zwar vielleicht nicht sehen oder riechen oder schmecken oder berühren oder hören, aber da ist ein Gewahrsein in der Luft, das unserem Wissen eine Richtung gibt – dem Wissen, was es zu tun und wohin es zu gehen gilt, *wann* etwas und oft sogar *wie* etwas zu tun ist. Wir scheinen es immer einfach zu wissen, genauso wie ein Navigationsgerät uns immer ans gewünschte Ziel bringt. Das „Navi" funktioniert, weil es Satellitensignale empfängt. Es gilt einfach, uns auf den Empfang unseres „Intuitionssatelliten" einzustellen, gespannt zu lauschen, offen und empfänglich zu sein und den Botschaften zu vertrauen, die wir erhalten. Wenn wir also unserer Intuition als einem mit allem verbundenen inneren globalen Ortungssystem so folgen wie ansonsten den Anweisungen unseres Navigationsgeräts im Auto, dann geraten wir nur ganz selten auf Irrwege.

Eine besonders erfreuliche „Nebenwirkung" des herzzentrierten Gewahrseins ist eine erhöhte intuitive Fähigkeit. Wenn wir unserem Bauchgefühl vertrauen, unseren Ahnungen, dann kann uns das dabei helfen, konsequent zu lieben und ein außergewöhnliches Leben zu führen. Die Intuition beruht auf weit mehr Informationen, als dem logischen Verstand offen stehen. Wir können ihr vertrauen. Feld 105 unterstützt uns in allem, was wir beschließen, intuitiv wahrzunehmen, zu empfangen und es letztlich in unserem Liebeshologramm zu erfahren.

Bereit für neue Erfahrungen? Dann lassen Sie uns beginnen ...

Lassen Sie sich ins Herzfeld sinken. Zentrieren Sie sich in Ihrer Blase der Liebe, wenn Sie möchten, und schicken Sie Feld 101 ein Signal für zusätzliche Unterstützung, wenn es nötig ist. – Geben Sie nun Feld 105 ein Signal. Vielleicht wünschen Sie sich von ihm einfach nur mehr intuitive Führung. Sie können über das Signal an Feld 105 aber auch Informationen abrufen, die mit dem kreativen Manifestationsprozess zu tun haben, den Sie im praktischen spielerischen Erleben im Zusammenhang mit Feld 104 in Gang gesetzt haben.

Für welche Art der Verbindung zu Feld 105 auch immer Sie sich entscheiden: Nutzen Sie auch die Honigbiene als Symbol für intuitives Wissen, Empfänglichkeit und die wissende Ahnung, *was* es zu tun gilt und *wann*.

Wenn Sie diese Übung mit der Manifestationsübung von weiter oben verbinden wollen, können Sie sich fragen, welche weiteren Informationen Sie intuitiv empfangen und der bereits bestehenden Struktur aus Sechsecken hinzufügen sollten. Alles, was nun oder auch zu einem späteren Zeitpunkt auftaucht, fügen Sie dann da ganz einfach ein.

Wenn Sie wie eine Biene wüssten, *was* zu tun ist und *wann*, was käme Ihnen denn da in diesem Augenblick in den Sinn? Machen Sie sich Notizen, wenn Sie möchten. Inwiefern unterstützt Sie die Verbindung zu Feld 105 und dem intuitiven Reich der Honigbiene, einem Symbol der heiligen weiblichen Intuition und der gemeinschaftlichen Verbundenheit, darin, wahre authentische Wünsche zu manifestieren?

Laden Sie das Symbol der Honigbiene ein, sich hinauszubegeben und alles an Informationen zu sammeln, was notwendig sein könnte, genauso, wie die Bienen den Nektar für den Bienenstock sammeln. Und vergessen Sie nicht, alle intuitiven Informationen, die die Bienen zu Ihnen zurückbringen, in dem sechseckigen Gitterwerk in Ihrer Blase der Liebe zu speichern.

Achten Sie, während Sie immer noch im Herzfeld sind, darauf, was es sonst noch zu tun gibt. Erwägen Sie zu handeln wie eine Biene, die den Stock vorbereitet. Wo in Ihrem Liebeshologramm müssen Sie vielleicht Gedanken, Ideen und Handlungen „bestäuben"?

Lassen Sie sich von Feld 105 in diesem kreativen Prozess unterstützen. Wir werden bald ein weiteres Feld entdecken, das ganz zentral
daran beteiligt ist, dass es uns gelingt, bezüglich unserer Manifestationen in unserem Liebeshologramm Fakten zu schaffen.

Feld 106

Handlung – Fülle – Bezüglich Manifestationen
Fakten schaffen

Dieses Feld wird genährt und angetrieben von der Fülle des Universums, gekoppelt mit dem Willen, zu handeln, als Ausdruck unbegrenzten Potenzials in jeder Hinsicht. Feld 106 unterstützt das Gebären neuer liebender Erfahrungen für einen selbst und andere als Reflexion des Unendlichen.

Ein Schlüsselprinzip im Manifestationsprozess ist das Zulassen als eine Funktion von *Flow*. So, wie üblicherweise auch ein Baby erst dann auf die Welt kommt, wenn es bereit ist, oder eine Blume erst erblüht, wenn es an der Zeit ist, bedeutet auch Meisterschaft im Manifestieren, dass wir anerkennen, dass der Prozess seinen eigenen Rhythmus hat, der der natürlichen Ordnung des Universums folgt. Das ist Zulassen ohne Forcieren.

Die Zeit mag zwar bloß ein Konstrukt unseres Bewusstseins sein, doch das Timing als rhythmischer *Flow* ist eine Funktion der universellen Verbindung zur kreativen Intelligenz. Feld 106 unterstützt die Bewegung unseres Gewahrseins vom Schoß der Schöpfung zur tatsächlichen Erfahrung im

Flow. Feld 106 unterstützt das Erblühen unserer Manifestationen in die dreidimensionale Wirklichkeit hinein.

Unser Symbol der Verbindung mit Feld 106 ist die voll erblühte Sonnenblume. Sie steht für Fülle, Freude, Stärkung und Glück. Neue Freuden bringende Schöpfungen im Überfluss zutage zu fördern, genau das wird von der Resonanz mit Feld 106 in unserem Liebeshologramm unterstützt.

Sonnenblumen wenden sich immer der Sonne zu. Der genaue Grund für dieses Verhalten lässt sich noch nicht mit Bestimmtheit angeben, doch es gibt Spekulationen darüber, dass das passiert, wenn die Sonnenblume bereit ist für die Bestäubung, zum Beispiel durch Bienen. Sie dreht ihr Gesicht zum Licht, wenn sie bereit und empfänglich ist.

Wir sind empfänglich und schaffen Fakten, wenn wir dazu bereit sind. In einem Universum der Fülle steht alles zur Verfügung. Wenn wir uns in solch einem Universum dieser Fülle öffnen – wie eine Sonnenblume, die sich öffnet, erblüht und dem Licht zuwendet –, dann ist das ein Signal dafür, dass wir bereit sind für die Befruchtung und die Manifestation unserer Wünsche als tatsächliche Erfahrungen.

Es gibt einen beliebten Spruch aus unbekannter Quelle, der lautet: „Wenn die Blume erblüht, wird auch die Biene kommen." Die Blume wartet also nicht auf die Biene, wenn sie sich öffnen will. Bei Feld 106 geht es darum, sich der Fülle und dem Überfluss *jetzt* zu öffnen. Warten Sie nicht auf die Biene! Warten Sie nicht darauf, dass die sechseckige Wabenstruktur fertig ist. Warten Sie auf gar nichts. Öffnen Sie sich *jetzt* der Fülle!

Lassen Sie die Fülle in allem erblühen, womit Sie in Beziehung stehen, einschließlich der erwünschten Manifestationen. Kultivieren Sie eine Fülle der Wertschätzung für alles, was Sie in Ihrem Leben bereits manifestiert haben. Erblühen Sie wie eine Sonnenblume, jetzt, und seien Sie dankbar für das Sonnenlicht, das sich in all Ihren Erfahrungen spiegelt. Je stärker unsere Resonanz mit einem Feld der Fülle und des Überflusses, desto stärker die Resonanz der Fülle mit uns.

Die Blume der Fülle im *Flow* [im englischen Original: *Flow-er of Abundance*]: Feld 106 unterstützt uns darin, voll und ganz anzuerkennen, dass die Fülle ein Zustand der Einheit, des *Flow*, der Freude und der Wertschätzung ist. *Flow* als Fülle. Wie die Sonnenblume der Sonne folgt, so folgt uns die Fülle.

Fülle ist ein resonantes Feld, in dem es an nichts mangelt. Die Fülle schwingt in allem und fließt in alles, was wir sind und tun. Fülle ist der Tanz des universellen Bewusstseins und seines unendlichen Potenzials, das sich auf unbegrenzt viele Arten ausdrückt. Je stärker wir mit dem Feld der Fülle mitschwingen, desto stärker bemerken und erfahren wir sie in all unseren Unternehmungen.

Bereit für neue Erfahrungen? Dann lassen Sie uns beginnen …

Lassen Sie sich ins Herz sinken und zentrieren Sie sich in Ihrer Blase der Liebe. Geben Sie Feld 101 ein Signal, wenn Sie sich Unterstützung darin wünschen. – Signalisieren Sie dann Ihre Intention, sich mit Feld 106 zu verbinden, mit Fülle und *Flow*. Nutzen Sie das Bild der voll erblühten Sonnenblume, um Ihr resonantes Gewahrsein von Feld 106 als Fülle und Überfluss zu aktivieren, und öffnen Sie sich einfach. Öffnen Sie Ihr Gewahrsein für die Fülle des Universums, Ihr kreatives Potenzial und Ihre Fähigkeit, Erfahrungen zu manifestieren, die die Symmetrie der Fülle in Ihrem Liebeshologramm widerspiegeln.

Die Fülle verstärkt sich, wenn wir ein Gefühl der Wertschätzung kultivieren. Wo können Sie jetzt in Ihrem Leben mehr Wertschätzung kultivieren? Seien Sie in Hülle und Fülle dankbar für alles, was in Ihrem Leben gut läuft. Seien Sie in Hülle und Fülle dankbar für die einfachen Dinge: Sonne. Wasser. Nahrung. Freundschaften. Freizeit. Wertschätzen Sie selbst Ihre Rechnungen, denn Sie stehen für eine Fülle an Dienstleistungen, die Sie bereits erhalten haben.

Da dieses Feld auch das Timing der „Lieferung" erwünschter Manifestationen unterstützt, können wir die Verbindung zu ihm nutzen, um den Manifestationsprozess zu Ende zu bringen, den wir in den Spielerfahrungen mit Feld 104 und 105 begonnen haben.

Machen Sie sich bewusst, dass Honigwabe, Honigbiene und Sonnenblume in gegenseitiger Abhängigkeit stehen, was die Vollendung des Manifestationsprozesses betrifft. So gesehen wirken auch die Felder 104 bis 106 in ihrer Unterstützung des Manifestationsprozesses symbiotisch und synergistisch zusammen. Wir brauchen nicht unbedingt mit einem nach dem anderen in der richtigen Reihenfolge zu arbeiten. Genauso wenig, wie die Blume mit ihrem Erblühen auf die Biene wartet, spielt es eine Rolle, in welcher Reihenfolge wir unsere Verbindung mit diesen Feldern aktivieren. Vielleicht bemerken wir, dass es uns dazu hinzieht, uns mit ihnen allen *gleichzeitig* zu verbinden, vielleicht aber auch mit einem nach dem anderen, in zufälliger Reihenfolge. Vertrauen Sie dem, was sich Ihnen in diesem Augenblick gerade zeigt. Bleiben Sie präsent und folgen Sie dem, was Sie gerade wahrnehmen. Wenn Sie je das Gefühl haben, Sie wüssten es nicht, dann wenden Sie sich einfach wie eine Sonnenblume dem Licht zu und lassen sich intuitiv dahin führen, wahre authentische Wünsche mithilfe Ihrer Kreativität und Empfänglichkeit in manifeste Erfahrungen zu verwandeln. Viel Freude dabei!

Feld 107

Klarheit – Klärung von Programmen der Verwirrung und Angst

Was gäben wir nicht alles für Klarheit in unseren Gedanken!

Einschränkende Gedanken können uns daran hindern, die Kraft des herzzentrierten Gewahrseins zu erfahren und überhaupt zu bemerken, dass wir im Herzen sind. Wenn sie auch noch wiederholt auftreten, sprechen wir von virusähnlichen Memen, die sich von selbst in unserem Liebeshologramm replizieren können. Diese gewohnheitsmäßigen Programme sorgen dafür, dass wir mit größeren und noch mächtigeren morphischen Feldern der Einschränkung in Resonanz bleiben. Feld 107 dient der Klärung solcher Programme und ermöglicht Klarheit in Bezug auf … Alles!

Manche Menschen sagen, sie gäben etwas darum, unsere Gedanken lesen zu können. Uns allerdings liegt viel mehr am Zugang zu dem ewigen Schatz im Herzen.

Nehmen Sie sich einen Augenblick Zeit, um eine Münze vor Ihrem inneren Auge auftauchen und ein paar Zentimeter über Ihrem Kopf schweben zu lassen. Sehen Sie sie so, dass ihr Rand Ihnen zugewandt ist und Sie also weder die eine noch die andere Seite sehen können. Es gehören ja beide Seiten zu dieser Münze und sie ist auch nur mit beiden Seiten vollständig. Für uns gilt das ebenso. Wir können nur dann unsere Ganzheit erkennen, wenn wir unsere Polaritäten von unserem Herzfeld aus integrieren. Das Herzfeld ist Einheit und von da aus findet alle Dualität ihren Ausdruck. Das Feld des Herzens ist die ganze Münze, wenn es auch – anders als die Münze – unendlich großen Wert besitzt.

Stellen Sie sich nun vor, es gäbe an Ihrem Scheitel einen Schlitz, ähnlich dem in einem Sparschwein.

In Ihrer Vorstellung stecken Sie die Münze nun in den Schlitz und lassen sie durch Ihren Kopf nach unten fallen. Folgen Sie mit Ihrer Aufmerksamkeit ihrem Weg durch Ihren Hals bis hinunter in die Mitte des Brustkorbs – in ein Wasserbecken, das Ihr Herzfeld repräsentiert.

Wenn Sie wollen, können Sie die Münze auch bis ganz in Ihren Nabel hinunterfallen und erst dort die Wasseroberfläche erreichen lassen. Lassen Sie sich davon überraschen, wo die Münze plötzlich ins Wasser platscht. Lassen Sie auf der Reise der Münze durch Ihren Körper Ihre Aufmerksamkeit so mit ihr mitgehen, als wären Aufmerksamkeit und Münze eins. *Eine* Münze. *Ein* Gefühl. Ein inneres Gefühl der Einheit. Lassen Sie die Münze und Ihre Aufmerksamkeit ins Wasser fallen, als wäre das Wasser gleichzeitig das Zentrum und die Gesamtheit Ihres Wesens. Sie sind im Feld des Herzens. Sie fließen in Ihrem Sein wie Wasser.

Achten Sie auf die kleinen Wellen, die entstehen, wenn die Münze mit dem Wasser eins wird. Bemerken Sie, wie sie sich in konzentrischen Kreisen ausdehnen. Während Sie mit Ihrer Aufmerksamkeit den Wellen folgen, halten Sie die Verbindung zu ihnen aufrecht und erleben Sie sie, als wären Sie diese Wellen. Erleben Sie die Wellen als Sie selbst, denn sie *sind* Sie. Es sind die Wellen der gegenseitigen Verbundenheit zwischen der Ahnung und allen Sinnen. Zwischen Ihnen und allem, womit Sie in Beziehung stehen. Zwischen Ihnen und allem, was ist. Es gibt keine Trennung zwischen dem Feld des Herzens und Ihnen und allem, wozu Sie in Ihrem Liebeshologramm in Beziehung stehen.

Was bemerken Sie, während Ihr Gewahrsein vom Kopf ins Herz sinkt? Fühlen Sie sich zentriert, ausgedehnt, präsent, friedlich, freudvoll, zu Tränen gerührt, dankbar? Spüren Sie, dass Sie weicher werden? Spüren Sie nichts? Was auch immer Sie bemerken ist völlig in Ordnung.

Manchmal fühlen wir anfangs, wenn wir die Aufmerksamkeit ins Herz sinken lassen, gar nichts. Das liegt daran, dass wir uns mit Potenzial verbinden, noch bevor es Ausdruck gefunden hat. Wir verbinden uns da mit einer Essenz, die noch keine Prägungen erfahren hat, mit bedingungsloser Liebe. Nichtvorhandensein von Prägungen bedeutet auch, dass keine Gedanken oder Emotionen vorhanden sind. Und doch können wir über unser sensorisches Nervensystem der Erfahrung gewahr werden, dass wir uns im Herzfeld befinden. Wir fühlen uns nämlich vielleicht ruhig, friedlich, präsent und klar. Wir fühlen uns vielleicht offen. Einfach offen.

Von bewölkt zu klar.
Der Himmel ist nicht die Grenze.

Selbst wenn wir gerade im Herzfeld sind, kann es sein, dass wir Gedanken haben. Der Schlüssel besteht darin, ihnen nicht die Kontrolle über uns zu überlassen. Unsere einschränkenden Gedanken ähneln den Wolken am Himmel, die uns vom Sonnenlicht abschirmen und die klare Sicht auf die unendlich vielen Möglichkeiten behindern. Wenn wir uns mit unserer Aufmerksamkeit an die Wolken haften, als wären wir sie, als wären wir die Gedanken, dann *erleben* wir vielleicht auch nicht mehr als diese. Wenn wir unser Gewahrsein aber ausdehnen und unsere Gedanken einfach nur wie Wolken wahrnehmen, die am Himmel vorüberziehen, als kleinen Teil einer viel weiteren Landschaft also, dann können wir Gedanken als Teil unseres Erlebens haben, ohne dass diese Gedanken unser Erleben definieren oder einschränken.

Gedanken sind insofern wie Wolken, als sie die Skyline (oder die Parameter) unseres Liebeshologramms bilden können. Doch Gedanken definieren oder beschränken die Skyline nicht, denn der Himmel kennt keine Grenzen. Und wir auch nicht!

Wenn wir nun im Herzfeld zentriert sind, kann es nützlich sein, Feld 107 dazu zu nutzen, häufig wiederkehrende Gedankenmuster und ihre entsprechenden einschränkenden Felder zu klären. Wir haben vielleicht zum Beispiel Angst davor, in unserem Berufsleben den nächsten Schritt zu machen, und denken deshalb ständig: „Ich bin noch nicht so weit." Dieser Gedanke und die mit ihm einhergehende Angst senden Signale an größere, globale Felder der Angst, Unzulänglichkeit und Stagnation. Selbst wenn eigentlich keines dieser Meme und dazugehörigen Felder für uns wahr ist, so erleben wir in unseren Erfahrungen doch entsprechende Einschränkungen, wenn wir in Resonanz mit diesen Gedankenfeldern stehen.

Anstatt uns selbst klar zu sehen, sind wir verwirrt, als befänden wir uns mitten in den Wolken. Ein Signal an Feld 107 lässt sich über das Symbol von Wolken schicken, die vom Wind liebevoll weggeblasen werden. Wolken der Verwirrung machen einem blauen Himmel Platz, machen der Klarheit, Einheit und Liebe Platz.

Bereit für neue Erfahrungen? Dann lassen Sie uns beginnen ...

Während Sie sich ins Herzfeld sinken lassen, lassen Sie etwas auftauchen, womit Sie in Ihrem Liebeshologramm Schwierigkeiten haben. Wenn Sie wollen, machen Sie sich Notizen. Mit welchen einschränken Gedanken oder Feldern sind Sie hier vielleicht in Resonanz, die dieses Gefühl, kämpfen zu müssen, aufrechterhalten?

Für jeden einschränkenden Gedanken oder jedes begrenzende Feld, das Ihnen in diesem Zusammenhang in den Sinn kommt, lassen Sie eine Wolke vor oder über der Skyline Ihres Liebeshologramms auftauchen. Lassen Sie ruhig viele davon an Ihrem Himmel auftauchen. Wenn Sie das Gefühl haben, dass nun nichts weiter kommt (und Sie können das jederzeit wiederholen), betrachten Sie einen Augenblick lang den Himmel. Wie bewölkt ist er? Können Sie so etwas wie eine Skyline überhaupt sehen oder sehen Sie nur eine durchgehende Wolke? Wie auch immer Ihre Antwort lauten mag, erlauben Sie sich, auch den Humor in den Wolken zu sehen, den die Liebe hat. Was für eine interessante Schöpfung. Keine Wertung. Einfach nur Wolken.

Signalisieren Sie Feld 107 nun Ihre Intention, sich mit ihm zu verbinden, und sehen Sie es symbolisch als liebevollen Wolkenwegbläser. Vielleicht zeigt es sich Ihnen als Wind, der bläst, oder als eine Art Laubbläser. Für mich wird Feld 107 am stärksten von dem Bild von Wolken repräsentiert, die unablässig über einen blauen Himmel ziehen. Für Sie zeigt sich vielleicht etwas ganz Anderes, auch das ist perfekt.

Sehen Sie also, wie Feld 107 erscheint und die Wolken wegbläst. Bemerken Sie, dass nur die bewölkten Gedanken der Verwirrung weggeblasen werden. Klare Gedanken bleiben so durchsichtig wie der blaue Himmel. Nun, da jeder einschränkende Gedanke immer weiter wegschwebt und die einzelnen Felder der Einschränkung nicht mehr in Ihrem resonanten Gewahrsein sind, was fällt Ihnen da auf?

Inwiefern scheint es die Konfigurationen in Ihrem Liebeshologramm zu verändern, wenn Sie Klarheit über die Wahrheit dessen erleben, wer Sie sind und was Sie in der Lage sind zu erschaffen und zu erfahren? Inwiefern ermöglicht Ihnen der Zugang zu diesem Feld eine andere Beziehung zu Ihren Gedanken? Inwiefern fühlen Sie sich ermächtigt und gestärkt, sich auf sich selbst und andere auf eine eher befreiende Art und Weise zu beziehen?

Eine andere Möglichkeit, mit diesem Feld zu spielen, besteht darin, die Wolken ganz neugierig zu erkunden. Anstatt Feld 107 diese Gedanken aus Ihrem Liebeshologramm hinausblasen zu lassen, können Sie sich mit Feld 107 auch in die Wolken hineinbegeben und sie bitten, Ihnen zu sagen, was Sie über sich selbst noch nicht erkannt haben. Machen Sie sich klar, dass alle Einschränkungen lediglich Programme der Verwirrtheit sind. Vielleicht tauchen diese Gedanken weiterhin als Platzhalter auf und fordern unsere Aufmerksamkeit, Anerkennung und Liebe. Wenn man diesen Gedanken über die Verbindung zu Feld 107 Liebe schickt, ermöglicht ihnen das, sich – puff – einfach aufzulösen, wie durch Zauberhand. Feld 107 löst Wolken also auch auf, wenn wir das wollen.

Puff! Beschränkungen können sich mit Liebe einfach in Luft auflösen.

Denken Sie zu guter Letzt auch daran, dass einschränkende Gedanken und die dazugehörigen Felder nicht unbedingt etwas Schlechtes sind. Sie sind lediglich Teil unseres Erlebens; sie können weder uns noch unser Erleben definieren.

Einschränkungen können, wie Wolken ja auch, unserer Landschaft, unserem Liebeshologramm, eine bestimmte Beschaffenheit verleihen und darin bestimmte Besonderheiten erzeugen. Solange wir diese Wolken *sein* und vorbeiziehen lassen, wird auch das Erleben der Gedanken und ihrer zugehörigen Felder einfach sein und vorbeiziehen. Klarer Himmel voraus! Klarer Himmel jetzt!

Geben Sie Feld 107 immer dann ein Signal, wenn Sie das Wetter in Ihrem Liebeshologramm verändern wollen. Ob Sie nun wissen, was die Verwirrung erzeugt, oder nicht – Feld 107 fördert die Klarheit als das Liebesfeld der umfassenden, universellen Klärung.

Feld 108

Auf vollkommene Weise unvollkommen – Wahres authentisches Selbst

Feld 108 ist das Feld der vollkommenen Unvollkommenheit. Wir sind bereits ganz und vollständig und gleichzeitig ein unfertiges Erzeugnis, während wir diese Wahrheit neu entdecken, erinnern und wieder für uns in Anspruch nehmen. Wir sind sowohl grenzenloses Potenzial als auch die wahrgenommene Begrenzung.

Das wahre authentische Selbst verkörpert Grenzenlosigkeit mit Begrenzungen. Unser wahres authentisches Selbst ist unserer Kernessenz als grenzenloses Wesen gewahr, als wahres Selbst, als bedingungslose Liebe in der Form kohärenten Lichts. Das wahre authentische Selbst hat auch einengende Selbstkonzepte (authentisches Selbst), die über frühere Programmierungen Eingang in die Selbstwahrnehmung gefunden haben. Es herrscht also eine friedliche Koexistenz und Synthese, ohne Wertungen. Unser wahres authentisches Selbst weiß, dass die von uns wahrgenommenen Begrenzungen dennoch auch immer noch mit dem verbunden sind, was grenzenlose Liebe ist.

Die Authentizität ist der Inbegriff der Verkörperung unseres wahren authentischen Selbst. Das wahre authentische Selbst verkörpert die Unbegrenztheit mit Begrenzungen. Es sagt eigentlich: „Ich weiß, dass ich Bewusstseinspotenzial und ein unbegrenztes Wesen bin, und dennoch befinde ich mich in einer friedlichen Koexistenz mit den Begrenzungen, die ich mir selbst auferlegt habe. Ich entfalte mich täglich und in jedem Augenblick und lasse los, was ich gerade noch war, damit ich mehr von dem willkommen heißen kann, wozu ich gerade werde."

Unser wahres authentisches Selbst ist auf vollkommene Weise unvollkommen.

Feld 108 unterstützt die Anerkennung der Tatsache, dass unser wahres authentisches Selbst und alles, worauf wir uns im Leben beziehen, ganz und intakt sind. Nicht unsere Begrenzungen verursachen den Unfrieden in uns. Vielmehr ist es die Art, wie wir mit ihnen in Beziehung stehen, die uns daran hindern kann, Freude, *Flow* und Selbstliebe zu erfahren. Dieses Feld unterstützt uns darin, in der Beziehung zu den von uns wahrgenommenen Begrenzungen Integrität als Ganzheit, Selbstliebe, Geduld, Vergebung und Selbstakzeptanz zu leben.

Sie sind das Symbol

Sich mit Feld 108 zu verbinden stellt wahrhaftig eine einzigartige Erfahrung dar. Aus diesem Grund gibt es kein Symbol, das unsere Verbindung zu diesem Feld der Authentizität repräsentiert. WIR selbst sind das Symbol. *Sie* selbst sind das Symbol! Es gibt nichts im Universum, was das wahre authentische Selbst besser darstellen könnte, als Sie selbst. Sie sind ein einzigartiger Ausdruck des universellen Bewusstseins, das gerade Individualität erfährt, und niemand kann diese essenzielle Wahrheit besser symbolisieren und widerspiegeln als Sie. Heißen Sie das Feld des wahren authentischen Selbst über Ihre eigene Widerspiegelung willkommen und verkörpern Sie es.

Es mag natürlich Symbole in der Natur geben, die Sie an bestimmte Aspekte Ihres wahren authentischen Selbst erinnern. Wenn Sie dem Feld gern solch ein Symbol als Ihren eigenen und einzigartigen Code, als Signal an Feld 108 zuordnen würden, können Sie das natürlich tun. Wählen Sie einfach eines. Doch wenn Sie in ein paar Tagen, Monaten oder Jahren bemerken, dass Sie nicht mehr den gleichen engen Bezug zu diesem Symbol haben wie vorher, dann wählen Sie bitte neu.

Denken Sie daran: Tagtäglich entwickeln wir uns immer mehr zu dem, was wir wahrhaftig sind. Ständig legen wir Schichten von uns ab, die uns nicht mehr passen, wie Schuhe, aus denen wir hinausgewachsen sind. Die Integration des Gefühls der Begrenztheit mit unserer unbegrenzten Natur schenkt uns die Freiheit, neue Wege des Seins und des In-Beziehung-Tretens zu gestalten, die sich immer so anfühlen, als liefen wir barfuß im Sand. Wir fühlen uns wohl damit, die zu sein, die wir in Wirklichkeit sind. Wir fühlen uns wohl in unserer Haut, in unserer eigenen Wahrheit als Integrität.

Wählen Sie nun also einen Gegenstand, der Sie an Ihr wahres authentisches Selbst erinnern könnte. Oder blicken Sie in den Spiegel und begrüßen

Sie sich selbst, als auf vollkommene Weise unvollkommene Reflexion von Feld 108. Lassen Sie sich selbst als Signal für Feld 108 fungieren. Lassen Sie Ihre Authentizität, Integrität, Selbstliebe und Selbstakzeptanz das Signalfeuer für dieses Feld der Freiheit, Kongruenz und Individualität sein. *Sie* sind auf vollkommene Weise unvollkommen. *Wir* sind auf vollkommene Weise unvollkommen.

Bereit für neue Erfahrungen? Dann lassen Sie uns beginnen …

Lassen Sie sich ins Herzfeld sinken. Zentrieren Sie sich in Ihrer Blase der Liebe. Wenn Sie möchten, geben Sie Feld 101 das Signal zur Aktivierung. – Mit der Intention, sich mit Feld 108 zu verbinden, sehen Sie sich selbst jetzt als das Symbol für dieses Feld. Wie fühlt es sich an, wenn Sie sich gestatten, die Teile von sich, die Sie vielleicht nicht so sehr mögen, mit jenen zu integrieren, die Sie schätzen? Erspüren Sie die Antwort auf diese Frage als authentische Erfahrung. Wenn Sie sich nun genauso annehmen, wie Sie in diesem Augenblick sind, auf vollkommene Weise unvollkommen, inwiefern schenkt Ihnen das eine neue Freiheit, für sich und andere transparenter zu sein? Inwiefern befreit Sie diese Akzeptanz und Integration dazu, sich weiter zu verändern (falls Sie das möchten)?

Wann immer wir bestimmte Aspekte von uns nicht zulassen oder wahrhaben wollen, weil wir sie verurteilen, zweigen wir potenzielle Kraft und Macht sowie potenzielle Liebe ab. Umarmen Sie das „Ekelzeugs", integrieren Sie es und erlauben Sie dem Licht der Liebe, die Muster in Ihrem Gewahrsein zu transformieren.

Inwiefern öffnet Sie das Zulassen von Allem von Ihnen dafür, mehr *Flow*, Freude, Liebe und persönliche Macht und Kraft zu erfahren? Inwiefern befähigt Sie die Integration der grenzenlosen Liebe mit allem, was einen ganz anderen Anschein erweckt, dazu, in Ihrem Herzen zu leben und eine ehrliche und mitfühlende Beziehung mit sich zu haben? Notieren Sie sich die Antworten auf diese Fragen und achten Sie besonders genau auf jene, die sich für Sie unangenehm anfühlen. Das könnte ein Zeichen dafür sein, dass Sie mehr Gewahrsein, Akzeptanz, Liebe und Möglichkeit in die Antwort bringen sollten. Akzeptieren Sie, dass Sie genau der oder die sind, die Sie sind, und entdecken Sie so die Freude an sich, denn unser auf vollkommene Weise unvollkommenes Selbst zu leben und zu lieben ist einfach wahnsinnig schön.

Feld 109

Zugang zur Freude

Feld 109 ist ganz einfach ein Feld der Freude. Die Freude ist unser natürlicher Seinszustand, wenn wir damit aufhören, all das zu sein, was wir gar nicht sind. Freude ist eine Facette des herzzentrierten Gewahrseins. Freude ist eine Facette unseres wahren authentischen Selbst. Freude steht uns immer zur Verfügung, wenn wir uns für sie entscheiden.

Genauso, wie auch an einem bewölkten Tag die Sonne scheint, verschwindet die Freude nie völlig, sondern wird bloß verdunkelt von den Wolken unserer Verwirrung bezüglich der Umstände, in denen wir uns befinden. Unsere Freude ist nie weg. Wir können uns dafür entscheiden, die Freude wiederzuentdecken, und diese Erkenntnis ist der Schlüssel dazu, sie zu finden. Entscheiden Sie sich einfach dafür!

Feld 109 ermöglicht uns Resonanz mit der Freude völlig unabhängig davon, was geschehen ist, geschieht oder vielleicht geschehen wird. Die Freude *ist* einfach, so wie die Liebe einfach *ist*, und sie ist immer für uns da, wenn wir offen für sie sind.

Wie entdeckt man die Freude aufs Neue? Man öffnet sich ihr und stellt sich dieser Feldresonanz zur Verfügung. Feld 109 ist da, um uns zu unterstützen.

Wir wählen als Symbol für Feld 109 den Marienkäfer. Selbstverständlich können Sie für sich ein anderes Symbol wählen, wenn Sie möchten. Für viele ist der Marienkäfer ein Glückssymbol – und was für ein Glück haben wir, wenn wir unsere Freude wiederentdecken! Glück ist Resonanz und Resonanz mit einem Feld der Freude öffnet der Fülle des Universums Tür und Tor.

Ein Marienkäfer ist ein magisches kleines Geschöpf, das Kinderherzen in Freude und Staunen höher schlagen lässt. Wenn wir Kindern zusehen, wie sie mit Marienkäfern spielen oder sie bestaunen, werden wir an unsere eigene Freude erinnert. Marienkäfer lassen uns wieder zu kleinen Kindern werden und schenken uns die Erinnerung an die Magie unseres Daseins. Auch das lässt tief im Herzen Freude entstehen und nach oben steigen. Ganz im Herzen zu sein, wie kleine Kinder, die offen und voller Liebe sind, kann uns darin unterstützen, unsere Freude zu erfahren.

Marienkäfer sind ganz einfach eine Freude. Sie sind zufrieden in ihrem Dasein, mit oder ohne Punkte, egal, welche Farbe sie haben. Sie sind anscheinend zufrieden, wo auch immer sie sein mögen. Marienkäfer sind ein Zeichen für Fülle und Freude in Hülle und Fülle ist ja schließlich unser natürlicher Seinszustand. Erleben Sie die Freude des Seins durch Feld 109!

Marienkäfer tun Menschen nichts zuleide. Sie mögen uns daran erinnern, dass wir *aufhören* sollten, uns selbst Leid zuzufügen – das würde uns den Zugang zu mehr Freude ermöglichen. Obwohl er so klein ist, ist der Marienkäfer furchtlos. Da Angst in der Gegenwart von Freude nicht existieren kann, erinnert uns der Marienkäfer daran, wieder in Kontakt mit der Freude am Leben zu kommen.

Wenn wir zulassen, dass in unserem Leben Freude herrscht, treten unsere Ängste in den Hintergrund. Wir werden nicht mehr von dem getrieben, was wir vermeiden wollen, sondern nun ist uns die Freude Ansporn und Gefährt, das uns trägt.

Wie also entdeckt man seine Freude wieder? Zuallererst erinnern wir uns daran, dass sie niemals ganz weg ist. Sie mag vergraben oder der Blick darauf mag verstellt sein, doch sie ist immer da. Die Freude wohnt bis in alle Ewigkeit in unserem Herzen.

Bereit für neue Erfahrungen? Dann lassen Sie uns beginnen ...

Lassen wir uns nun also ins Herz sinken und zentrieren wir uns in der Blase der Liebe. Falls Sie dabei Unterstützung brauchen, geben Sie Feld 101 ein Signal. Und dann laden Sie Feld 109, die Freude, in Ihr Gewahrsein ein.

Lassen Sie sich von diesem Feld ein klein wenig kitzeln, so, wie das durch einen Marienkäfer geschehen mag, der ganz sachte in Ihrer offenen Hand landet. Bedenken Sie, dass der Marienkäfer, wenn Sie Ihre Hand schlössen, gefangen wäre und Sie ihn vielleicht sogar zerquetschen würden. Mit der Freude ist es genauso. Die Freude ist darauf angewiesen, dass Hand und Herz offen bleiben. Die Freude möchte frei fließen und jeweils dorthin fliegen, wo es eine Öffnung oder Einladung gibt. Öffnen Sie sich der Freude gegenüber. Laden Sie die Freude in Form von Feld 109 zum gemeinsamen Spiel ein. Öffnen Sie Ihr Herz und öffnen Sie sich für sich selbst.

Die Freude lässt sich nicht mehr im Zaum halten, wenn sie erst einmal erkannt, freigesetzt und erlebt worden ist.

Wie der Marienkäfer hat auch die Freude keine vorgefassten Pläne; auf dem Plan steht jeweils das, was in diesem Moment eben da ist.

Fragen Sie sich: „Wenn ich wüsste, was mir große innere Freude bereiten würde, welche Gedanken, Ideen, Empfindungen oder Erfahrungen kämen mir da in den Sinn?" Vielleicht ist es ein Strandspaziergang, Gitarrespielen, Tanzen oder der Genuss, an einem kalten Winterabend am lodernden Kaminfeuer einen spannenden Roman zu lesen. Verbinden Sie sich jetzt mit diesem Gefühl und lassen Sie es Ihren ganzen Körper, Geist und Ihr gesamtes Sein durchdringen. Wenn Sie nun diesem Gefühl der Freude gestatten würden, *ständig* in Ihnen präsent zu sein, ganz egal, was Sie gerade tun, inwiefern würde das vielleicht Ihre Erfahrungen und alles, womit Sie in Beziehung stehen, verändern? Wenn Sie mögen, machen Sie sich Notizen über das, was Sie da entdecken.

Die Freude ist nicht situationsabhängig, und doch kann man sie in bestimmten Situationen finden und erleben. Wir tun gut daran, diese freudvollen Momente anzuerkennen, wenn sie sich zeigen, denn sie sind Platzhalter, die die wahre Essenz unseres Herzens spiegeln: Freude. Liebe. *Flow*. Verbindung.

Im Gegensatz zu dem, was die meisten glauben, handelt es sich bei der Freude nicht um ein Leben in Glückseligkeit. Die Freude ist eine Reflexion der Authentizität, der Verbindung zur persönlichen Wahrheit und eines Wissens, dass wir Teil von etwas sind, das größer ist als wir.

Freude bedeutet, dass wir den Strömungen treu bleiben, die uns immer wieder vom Fluss des Vergessens in Richtung des Ozeans der Erinnerung tragen: Liebe, Einheit und unbegrenztes Potenzial. Freude bedeutet Treue zu sich selbst als einer Reflexion der Liebe. Erfahren Sie die Freude am Dasein wie ein Marienkäfer und lassen Sie Ihr Herz vor Freude erbeben, wann immer Sie wollen.

Feld 110

Wahre authentische Kraft und Macht – Fließende Grenzen

Feld 110 sorgt für Stärke und Durchsetzungsvermögen, sodass wir uns authentisch für uns selbst einsetzen hinsichtlich dessen, was im Moment der Entscheidung richtig, wahr und korrekt ist. Dieses Feld unterstützt die Fähigkeit, auf unser Herz zu hören und unsere Entscheidungen auf unser inneres Wissen, auf Vertrauen und unsere Integrität sowie auf das zu gründen, was uns Freude macht.

Feld 110 bietet uns auch ganz mühelos Zugang zu wahrer authentischer Kraft und Macht, die auf innerem Wissen beruhen, wie herzzentriertes Gewahrsein und ein klarer Geist es kultivieren. Das ist die Synthese aus Herz und Verstand, deren Merkmal Stabilität mit *Flow* ist.

Auf einem guten Urteilsvermögen beruhende Entscheidungen sind eine Facette von fließenden Grenzen. Damit meine ich Grenzen, die nicht bereits in Erwartung bestimmter Situationen oder Erlebnisse im Voraus festgelegt wurden. Wir sind jeweils im Augenblick im Fluss und dieses Fließen kommt aus unserem Herzen. Selbst wenn Sie sich vielleicht bisher nicht als besonders gut im Ziehen fließender Grenzen erlebt haben – mithilfe der Verbindung zu Feld 110 und ein wenig bewusster Übung können auch Sie diese Art von Grenzziehung meistern.

Dieses Feld befähigt uns dazu, aus unserem Herzen heraus Entscheidungen zu treffen, die kongruent und im Einklang mit Selbstliebe, Achtung, Würde, Integrität und persönlicher Wahrheit sind. Außerdem unterstützt uns dieses Feld darin, mit dem *Flow* mitzugehen, sodass uns bestimmte Umstände nicht zum Selbstverrat verleiten.

Wir biegen uns vielleicht ein wenig im Wind der sich verändernden Umstände, doch das lässt uns nicht zerbrechen. Das Symbol für dieses Feld ist daher der chinesische Bambus, eine Pflanze, die sehr biegsam ist und doch in den Stürmen des Lebens Stabilität und Festigkeit behält. (Selbstverständlich können Sie für sich ein anderes Symbol wählen, wenn Ihnen das lieber ist.)

Die Stärke des Bambus ist teilweise seiner komplexen Wurzelstruktur geschuldet. Diese Pflanze ist deshalb so resilient, weil sie wirklich so fest mit sich und dem Boden verbunden ist, dass sie sogar den härtesten Umständen trotzt. Seine Wurzeln halten den Bambus nicht zurück [im Sinne von bremsen], sondern dienen vielmehr als feste Grundlage für Integrität, Selbstachtung und Entscheidungen auf der Basis eines guten Urteilsvermögens.

Dieser bemerkenswerte Baum unterscheidet sich in seinem Wachstumsprozess von anderen Bäumen. Die meisten Bäume wachsen stetig und über viele Jahre, während der chinesische Bambus die ersten vier Jahre unter der Erdoberfläche bleibt. Ab dem fünften Jahr beginnt er dann mit erstaunlicher Geschwindigkeit zu wachsen, bis zu 30 Meter in fünf Wochen! Wie der Bambus können auch wir in Hinblick auf unser Geschick, fließende Grenzen zu ziehen, sehr schnell wachsen.

Feld 110 unterstützt uns auch in unserer Fähigkeit, zu handeln und vorwärtszugehen. Das Tun kommt dabei aus dem Raum herzzentrierten Seins. Der chinesische Bambus scheint ja die ersten vier Jahre seines Lebens *nichts* zu tun und wächst und gedeiht dann ganz plötzlich. Feld 110 unterstützt das entsprechende Handeln, das nach einer Phase des Planens, Kultivierens und Vorbereitens für Wachstum, Expansion und Erblühen nötig ist. Handlungen sind notwendig, damit die kreative Intelligenz ihr eigenes Potenzial ausschöpfen kann. Handeln Sie mit Unterstützung von Feld 110! Seien Sie wie der Bambus: stark und robust, resilient und gleichzeitig imstande, sprunghaft zu wachsen, wenn die Zeit reif dafür ist.

Bereit für neue Erfahrungen? Dann lassen Sie uns beginnen …

Lassen Sie sich ins Herz sinken und zentrieren Sie sich in Ihrer Blase der Liebe, wenn Sie möchten. Geben Sie ein Signal Ihrer Intention, sich mit Feld 110 zu verbinden. Vielleicht wollen Sie das Bild einer Bambuspflanze vor Ihrem inneren Auge auftauchen lassen, das Ihnen dabei hilft, Ihre Verbindung mit diesem Feld zu erkennen.

Denken Sie nun an eine Situation, in der Sie es nicht schaffen, Ihre mit Selbstachtung gewählten Grenzen zu wahren. Fühlen Sie sich in die Situation hinein und nehmen Sie Ihre Gefühle wahr. Wenn Sie nun aber fließende Grenzen hätten, wenn sie sich also den Umständen beugen könnten, ohne Ihre Integrität aufzugeben, inwiefern würde sich Ihre Beziehung zu der Situation verändern? Wie würde es sich anfühlen, aus dem Moment heraus fließend und gemäß dem zu reagieren, was Sie in der Situation wirklich wollen, ohne von anderen umhergeschubst zu werden? Notieren Sie sich die Gedanken, Gefühle, Empfindungen oder Erfahrungen, die da vielleicht auftauchen. Inwiefern verändert der Zugang zu fließenden Grenzen über Feld 110 die Art und Weise, wie Sie mit den meisten Umständen in Ihrem Liebeshologramm in Beziehung stehen?

Denken Sie nun an ein Szenario, in dem Sie noch nicht die nötigen Handlungen ergriffen haben, um ein Projekt oder eine bestimmte Situation zum Abschluss zu bringen. Verbinden Sie sich mit dem chinesischen Bambus und machen Sie sich bewusst, dass wie bei diesem Baum auch in Ihrem Szenario bereits etliches unter der Oberfläche passiert ist. Mithilfe von Feld 110 machen Sie sich all die besonderen Kleinigkeiten klar, die in Bezug auf dieses Projekt oder diese noch nicht abgeschlossene Situation bereits geschehen sind. Es wurden bereits Schritte unternommen. Sie stecken nicht in einer Sackgasse. Sie stecken nie fest, genauso wenig, wie der chinesische Bambus in den ersten vier Jahren seines Lebens untätig ist.

Wenn Sie die Handlungen, die Sie bereits unternommen haben, deutlicher wahrnehmen könnten, inwiefern könnte Sie dieses

Gewahrsein darin unterstützen, sich in Richtung Oberfläche zu bewegen, sodass sich die Wurzeln klar als Wurzeln einer wachsenden Pflanze ausbilden können? Welche konkreten Entscheidungen können Sie jetzt treffen (Entscheidungen auf der Basis guten Urteilsvermögens), um Aktivitäten zu fördern, die Sie vorwärts und in Richtung Abschluss bringen? Welche Schritte können Sie in diese Richtung tun? Wenn Sie mögen, machen Sie sich Notizen.

Denken Sie daran: Feld 110 ist Aktivwerden aus einem Zustand des Seins im herzzentrierten Gewahrsein heraus. Bleiben Sie mit Ihrem Herzen verbunden, während Sie weise Entscheidungen treffen. Machen Sie sich klar, dass Sie bald, also schon jetzt, wie der Bambus ein festes Fundament in der Integrität geschaffen haben und dass Ihre Fähigkeit, fließende Grenzen zu ziehen, Entscheidungen mit gutem Urteilsvermögen zu treffen und zu handeln, sich exponentiell weiterentwickelt.

Feld 111

Göttlicher Einklang – Synchronizität

Dieses Feld stärkt unsere Fähigkeit, den göttlichen Einklang zu erkennen, wie er sich in unserem Liebeshologramm zeigt. Es gibt so viele Arten, diesen Einklang zu erkennen und zu würdigen, wie es Ausdrucksformen des unendlichen Potenzials gibt.

Feld 111 ermöglicht ein größeres Gewahrsein von Synchronizität. Der Begriff der Synchronizität, geprägt von Carl G. Jung, ist ein für den Beobachter bedeutungsvolles Zusammentreffen innerer und äußerer Ereignisse in einer Weise, die nicht über eine Kausalbeziehung zu erklären ist.

Bei der Synchronizität geht es also darum, die gegenseitige Verbundenheit aller Muster zu erfassen und anzuerkennen, dass es so etwas wie Zufall nicht gibt. Zwar sind *wir* es wohl, die unseren Erlebnissen eine Bedeutung zuschreiben, doch wenn wir von Synchronizitäten wirklich Notiz nehmen, wenn sie auftreten, dann stärkt dies das Gewahrsein unserer Verbindung zu all dem, was in unserem Liebeshologramm möglich ist und zur Verfügung steht. Feld 111 hilft uns dabei, diese Formen des Einklangs mit dem Göttlichen zu erkennen.

Weit verbreitet und sehr einfach ist es, mithilfe der eigenen Beziehung zu Zahlen in diesem Feld des göttlichen Einklangs zu spielen. Da sie Platzhalter in unserem Gewahrsein sind, können Zahlen, die uns in bedeutungsvollen Konfigurationen begegnen, dazu dienen, dass wir leichter erkennen, dass wir im *Flow* sind und alles in Ordnung ist, selbst wenn uns die Umstände einen ganz anderen Eindruck vermitteln. Solche bedeutungsvollen Synchronizitäten, die mit Zahlen zu tun haben, sind eine Form der Synchronizität, ein göttlicher Einklang, der uns an die komplexe wechselseitige Verbundenheit aller Teile unserer holografischen Realität erinnert.

Ein Beispiel: Wir haben vielleicht gerade eine wichtige Entscheidung getroffen, schauen auf die Uhr und sehen dort: 1:11 Uhr. Alles ist im Einklang und dieser Platzhalter im Gewahrsein dient als eine unmittelbare

Bestätigung dafür, dass alles in Ordnung ist. Vielleicht sind Sie gerade auf Jobsuche und das Bewerbungsgespräch soll in Büro Nummer 222 in einem Gebäude stattfinden, in dem Sie noch nie waren. Oder vielleicht haben Sie ein Buch geschrieben und der Abschnitt über die Synchronizität landet in der Druckversion genau auf Seite 111 …

Ich nutze Feld 111 unter anderem sehr gern so, dass ich darauf achte, wie die Felder in Gestalt ihrer Nummern in meiner Wahrnehmung auftauchen. Vielleicht hat ein Flug, den ich antrete, die Flugnummer 101 – ein Zeichen für mich, dass ich in meinem Herzfeld bleiben sollte. Oder ich verspüre eine emotionale Ladung gegen eine Situation und plötzlich höre ich im Radio „zufällig" eine Sendung mit der Senderkennung FM 103 – ein Signal, Feld 103 als das Feld der Neutralität und mitfühlenden Empathie zu Hilfe zu rufen.

Göttlicher Einklang kann sich auch dadurch ausdrücken, dass *Symbole* „zufällig" in unserem Liebeshologramm auftauchen. Jedes Symbol, das von uns mehrfach wahrgenommen wird, kann als Zeichen für göttlichen Einklang dienen. Unser Symbol, mit dem wir Feld 111 das Signal zur Aktivierung geben, ist der Polarstern. Natürlich kann es für Sie auch jedes beliebige andere Symbol sein, wenn es eines gibt, mit dem Sie sich gerade besonders verbunden fühlen.

In meiner Welt stellt gerade ein *Penny*, also eine 1-Cent-Münze, den Signalgeber für Feld 111 dar. Ja, Sie haben richtig gelesen: ein Penny, also eine ganz simple, kleine Münze, Teil meines Alltags, ist mein Zeichen für göttlichen Einklang und *Flow*.

Warum ein Penny? Kürzlich erlebte ich eine Ausdrucksform von Feld 111 in Gestalt eines Pennys: Über mehrere Tage hinweg fand ich immer wieder „zufällig" irgendwo einen Penny. Ein Penny lag auf dem Herd in der Küche und ich hatte keine Erklärung dafür, wie er da hingekommen sein könnte. Dann ging ich Joggen und fand einen Penny in der Tasche meiner Jogginghose. Als Nächstes fiel mir auf, dass sich ein Penny an einem Reifen meines Autos eingeklemmt hatte, dann fand ich einen auf einem Gehweg, schließlich einen in der aufgeweichten Erde bei einer Bewässerungsdüse. Da begann ich schließlich, darauf zu achten.

Welche Botschaft wurde mir denn da durch das wiederholte zufällige Auftauchen von Pennys in mein Liebeshologramm hinein gespiegelt? Da *ich* ja die „Bedeutungsgeberin" in meinem Hologramm bin, hätte ich sie als buchstäbliche Platzhalter sehen können, die mir signalisierten, dass ich meine Pennys nicht aus den Augen lassen sollte, weil das Geld knapp werden könnte, und dass sich auch kleine Münzen summieren … Doch diese Idee brachte in mir nichts zum Klingen; sie beruhte ja auch auf Angst, nicht auf Liebe.

Dann überlegte ich, dass ein Penny ein Zeichen für das Feld der Fülle sein könnte (das häufig über Feld 106 wahrgenommen wird): Finde einen Penny, heb ihn auf und du wirst den ganzen Tag Glück haben. Ein Glückspfennig also. Glück ist ja eine Form von Fülle.

Doch ich spürte, dass ich die tiefere Bedeutung der Penny-Symbolik in meinem Liebeshologramm eigentlich noch nicht erfasst hatte. Wenn ich wüsste, wie mir dieser Penny über sein Erscheinen ein stärkeres Gewahrsein von göttlichem Einklang, also Feld 111, in mein Liebeshologramm brachte, was würde mir dann klar?

Schätzte ich vielleicht all die kleinen Veränderungen in jüngster Zeit zu gering? Erkannte ich vielleicht nicht genügend an, wie machtvoll jede kleine Veränderung in ihrer Auswirkung auf das große Ganze in meinem Liebeshologramm sein könnte? Diese Möglichkeit fand ich als Interpretation spannend. Es war ein Signal für mich, genauer auf die Pennys als Symbole göttlichen Einklangs zu achten. Ich nahm sie nun als kleine Zeichen nützlicher Veränderungen wahr, die sich summieren und in meinem Liebeshologramm *bedeutende* Veränderungen ergeben können.

Plötzlich erinnerte ich mich daran, dass ich als Teenager Pennys in einem Schraubglas gesammelt hatte. Diese zufällige assoziative Erinnerung stellte einen wesentlichen Schlüssel für die Verarbeitung einer großen Veränderung hinsichtlich einer Situation dar, die ich gerade erlebe. Das heißt also, dass göttlicher Einklang sich durch etwas so Simples wie ein paar Münzen zeigen kann.

Bereit für neue Erfahrungen? Dann lassen Sie uns beginnen …

Lassen Sie sich in Ihr Herzfeld sinken und zentrieren Sie sich in Ihrem Liebeshologramm. Signalisieren Sie Feld 111, dem göttlichen Einklang und der Synchronizität, Ihre Intention, sich mit ihm zu verbinden. – Wenn Sie Synchronizitäten stärker als Zeichen von *Flow* und Verbindung wahrnehmen würden, was würde Ihnen da in den Sinn kommen? Wie könnten Sie als Ergebnis Ihrer Verbindung mit Feld 111 den göttlichen Einklang öfter wahrnehmen? Machen Sie sich Notizen, wenn Sie mögen. Und dann seien Sie aufmerksam, wenn in Ihrem Leben etwas auftaucht, was mit dem zu tun hat, was Sie sich notiert haben.

Wählen Sie nun ein Symbol für Ihre persönliche Verbindung zu Feld 111. Schreiben Sie es sich auf, damit Sie es sich leichter merken können. Vielleicht besteht es aus zwei oder mehr gleichen Ziffern, vielleicht ist es eine Feder oder eine besondere Münze oder ein bestimmtes Lied.

Achten Sie in den folgenden Wochen darauf, wann und wie dieses Symbol in Ihrem Liebeshologramm in Erscheinung tritt. Wie häufig fällt es Ihnen auf? Was tun, denken oder erleben Sie jeweils gerade, wenn dieses Symbol für Feld 111 auftaucht?

Ziehen Sie eventuell in Erwägung, dieses Symbol im Alltag bei sich zu tragen, um Ihr Gewahrsein für Synchronizität und göttlichen Einklang in Ihrem Leben zu erhöhen. Wenn das mit dem Symbol als Gegenstand nicht möglich ist, reichen auch der Begriff dafür oder ein Bild davon als Platzhalter völlig aus.

Das Symbol, das Sie gewählt haben, sollte Ihre bewusste Verbindung zu Feld 111 darstellen, damit Sie mehr *Flow*, Erfüllung und Verbindung erfahren können. Göttlicher Einklang kann sich in einem so kleinen Zeichen wie einem Penny oder in einem so großen wie dem Polarstern zeigen; sie spiegeln uns zurück, dass alles gut ist. Wir sind in der Tat auf dem rechten Weg, wir folgen unserem Leitstern, wenn wir mit Integrität vom Herzen her leben, friedvoll und natürlich mit Veränderungen mitfließen und in unserem Leben Augenblick für Augenblick präsent sind.

Feld 112

Aussprechen der persönlichen Wahrheit – Wahrer authentischer Ausdruck

Feld 112 unterstützt uns darin, mühelos unsere Wahrheit auszusprechen und unsere individuelle Sicht auf die Wirklichkeit auszudrücken, wenn wir das gerade wollen. Dieses Feld stellt Resonanz mit unserer natürlichen Fähigkeit her, die Wahrheiten unserer Herz-und-Geist-Intelligenz auszudrücken.

Dieses Feld hilft uns auch dabei, unsere Wahrheit als wahren authentischen Ausdruck unseres wahren authentischen Selbst zu leben und zuzulassen, dass sich dies in all unseren Bemühungen widerspiegelt. Das bedeutet, Farbe zu bekennen und so dynamisch zu leben, wie wir es möchten. Im wahren authentischen Ausdruck geht es genauso darum, uns *verbal* authentisch auszudrücken, wie darum, in Bezug auf unser wahres authentisches Selbst einen Zustand der Integrität zu verkörpern. Feld 112 unterstützt uns darin, uns in der Beziehung zu anderen Menschen, Gruppen, Strukturen und Feldern ausdrücken zu können.

Wir wählen als Symbol für dieses Feld einen Pfau. Pfauen spreizen ja stolz ihre prächtigen Federn und präsentieren sie ihrer Umgebung. Sie entschuldigen sich nicht dafür, stolz wie ein Pfau zu sein, denn es handelt sich nicht um Arroganz. Vielmehr legen sie ein Selbstvertrauen an den Tag, das daher rührt, dass sie in jedem Augenblick ganz und gar *die* sind, die sie sind. Das Verhalten eines Pfaus spricht Bände, was die Authentizität als Integrität betrifft, ohne dass er jemals ein Wort sagen müsste.

Da es bei diesem Feld auch darum geht, die Wahrheit zu *verkörpern* (nicht nur darum, sie auszusprechen), kann uns ein Pfau symbolisch dabei helfen, uns mit Feld 112 zu verbinden, wenn wir Unterstützung darin brauchen, uns selbst zu hören oder zu sehen, sodass uns auch die anderen hören und sehen können.

Wir werden im wahren authentischen Ausdruck immer geübter, wenn wir als wahres authentisches Selbst lieben und leben. Feld 112 mit seinem Symbol des Pfaus kann uns dabei helfen, neue Wege zu finden, uns auszudrücken mit der Wahrheit in unserem Herzen als Grundlage. Dieses Feld unterstützt uns darin, Vorlieben auszudrücken und in unserem Liebeshologramm danach zu leben. Mit anderen Worten: Es hilft uns dabei, unseren eigenen Stil des Seins zu kreieren und dann unser Liebeshologramm ohne entschuldigende Blicke oder Kompromisse entsprechend einzurichten. Jeder Ausdruck kann kraft unserer Verbindung zu Feld 112 symmetrischer Ausdruck der Authentizität sein. Jeder Ausdruck kann auf vollkommene Weise unvollkommen sein; selbst das Muster der elegantesten Pfauenfedern ist das.

Bereit für neue Erfahrungen? Dann lassen Sie uns beginnen …

Feld 112 stärkt uns darin, die Wahrheit auszusprechen und zu leben. Lassen Sie sich jetzt, wenn Sie mögen, in Ihr Herzfeld sinken und zentrieren Sie sich in Ihrer Blase der Liebe. Verbinden Sie sich mit Feld 101, wenn Sie Unterstützung brauchen.

Denken Sie an eine Situation in Ihrem Leben, in der Sie sich entweder in Worten oder in Taten nicht authentisch ausdrück(t)en. Verbinden Sie sich nun mit diesem Muster. Achten Sie darauf, welche Gedanken, Gefühle, Empfindungen oder Erfahrungen in Ihrer Wahrnehmung auftauchen. Wie fühlen Sie sich jetzt im Bezug zu diesen Mustern? Machen Sie sich Notizen über alles, was Ihnen da in den Sinn kommt.

Geben Sie nun Feld 112 ein Signal und werden Sie des Symbols eines Pfaus gewahr. Nehmen Sie wahr, wie schön dieses Abbild ist.

Fragen Sie sich, wie es sich nun anfühlen würde, voller Selbstvertrauen Ihren wahren authentischen Ausdruck zu leben und Ihre Wahrheit in ganz alltäglichen Dingen genauso auszusprechen, wie ein Pfau stolz seine Federn zur Schau stellt. Spüren Sie jetzt diese Verbindung. Notieren Sie sich alle Gedanken, Empfindungen, Wahrnehmungen oder Erfahrungen, die sich einstellen.

Wenn Sie wüssten, was Sie davon abhält, sich Feld 112 und Ihrem wahren authentischen Ausdruck voll und ganz zu öffnen, was würde Ihnen da in den Sinn kommen? Schreiben Sie es sich auf, wenn Sie wollen.

Es kann angebracht sein, zu diesem Zeitpunkt auch anderen Feldern ein Signal zu geben, um zusätzliche Unterstützung anzufordern. Feld 103, 107, 108 und 109 könnten hilfreich sein, aber auch jedes andere Feld, das in Ihrer Wahrnehmung auftaucht. Verbinden Sie sich zusätzlich zu Feld 112 einfach mit allen weiteren Feldern, die sich für Sie nützlich anfühlen. Sie sind nicht unbedingt notwendig, aber immer willkommen, wie ein paar weitere Freunde bei einer Party.

Nehmen Sie vom Herzfeld her wahr, wie die Resonanz mit Feld 112 die bisherige Konfiguration Ihres Liebesholudramms positiv verändern kann. Schreiben Sie alles auf, was Ihnen in den Sinn kommt. Verbinden Sie sich ruhig jederzeit mit Feld 112 und dem Symbol des Pfaus, wenn Sie etwas mehr Mut brauchen, um Gedanken, Ideen oder Emotionen klar und deutlich zu artikulieren. Verbinden Sie sich mit diesem Feld, wenn Sie ohne Furcht den wahren authentischen Ausdruck würdigen und zum Zug kommen lassen wollen. Feld 112 ist nie weit, wenn es um Hilfe bei deutlichen und dynamischen Formulierungen und kraftvollen Handlungen geht.

Feld 113

Wahres authentisches In-Beziehung-Sein

W ahres authentisches In-Beziehung-Sein kann eine heikle Situation betreffen oder aber auch die Substanz der Liebe sein, die Bande zwischen uns auf unseren unterschiedlichen Lebenswegen entstehen lässt. Wahres authentisches In-Beziehung-Sein ist die natürliche Folge, wenn wir als unser wahres authentisches Selbst leben und es lieben.

Wahr und authentisch in Beziehung zu sein bedeutet, dass wir in unseren Beziehungen mit anderen Reflexionen wahrer Authentizität erzeugen. Es gibt zwar keine Regeln dafür, doch eine Facette dieser Erfahrung (und daher auch der Resonanz mit diesem Feld) ist die Bereitschaft, verletzlich zu sein – die Bereitschaft also, gesehen und gehört zu werden, gekoppelt mit der Bereitschaft, andere zu sehen und zu hören.

Feld 113 stärkt unsere Fähigkeit, uns wahr und authentisch auf uns selbst, auf andere und auf all das zu beziehen, zu dem wir in unserem Liebeshologramm „in Beziehung" stehen. Dieses Feld beinhaltet die Anerkennung der Tatsache, dass wahres authentisches In-Beziehung-Sein beim Selbst beginnt und sich dann ausbreitet. Daher stärkt dieses Feld die Ehrlichkeit, Integrität, Präsenz und Vergebung, allesamt Facetten der Verletzlichkeit. Wahres authentisches In-Beziehung-Sein öffnet uns für die Liebe und Gnade und die stete Bereitschaft zum Dialog – ganz egal, was geschehen mag.

Häufig vermeiden wir es, wahr und authentisch in Beziehung zu treten, weil wir Angst vor Zurückweisung, Konfrontation oder sonst irgendeiner negativen Folge haben. Was unserer Aufmerksamkeit dabei allerdings häufig entgeht ist die Tatsache, dass wir uns jedes Mal selbst verraten, wenn wir uns dem wahren authentischen In-Beziehung-Sein verweigern. Feld 113 hilft uns dabei, uns ermächtigt zu fühlen, liebevoll und vom Herzen aus mit anderen in Kontakt zu treten und diese Interaktion auf das zu gründen, was sich für uns in diesem Moment richtig, wahr und korrekt anfühlt, während wir gleichzeitig offen dafür bleiben, auch das zu achten, was sich für unser *Gegenüber* richtig, wahr und korrekt anfühlt.

Dieses Feld unterstützt auch gutes Urteilsvermögen bei Entscheidungen, denn nicht alle Szenarien sind passende Plattformen für wahres authentisches In-Beziehung-Sein.

Alle haben den Wunsch, so gesehen und gehört zu werden, wie sie wirklich sind. Dennoch sind nicht alle bereit, überhaupt gesehen und gehört zu werden. Nicht jede Organisation oder Gruppe ist für wahres authentisches In-Beziehung-Sein offen. Feld 113 kann uns wissen lassen, wann es an der Zeit ist, uns von einer Struktur, die wir unterstützen, wieder zu distanzieren, weil sie uns nicht unterstützt.

Feld 113 stärkt unsere Fähigkeit, mit scharfem Urteilsvermögen und intuitiv zu erfassen, was es mit einer Beziehung auf sich hat, und gibt uns die Kraft und den Mut, unseren „Stamm", unsere „Sippe" oder „Familie" zu finden, in denen wahres authentisches In-Beziehung-Sein möglich, vorhanden, geschätzt und willkommen ist.

Dieses Feld hilft uns auch zu erkennen, dass zu wahrem authentischem In-Beziehung-Sein nicht unbedingt immer zwei gehören. Anders gesagt obliegt es *uns*, wahr und authentisch in Beziehung zu treten. Wie unser jeweiliges Gegenüber darauf reagiert, haben wir nicht in der Hand. Es ist *unsere* Entscheidung, ob wir uns mit aller Offenheit im Herzen zentrieren. Offenheit ist die Einladung an den anderen, sich sicher zu fühlen und sich auf die Erfahrung des wahren authentischen In-Beziehung-Seins einzulassen, denn sie versucht nicht, irgendjemanden an fragwürdige Ergebnisse zu fesseln, sondern befreit alle Beteiligten in der Reflexion der Liebe. Diese Befreiung beruht auf Gleichheit, Respekt und Würde.

Sich im wahren authentischen In-Beziehung-Sein zu üben kann ein bisschen so sein, wie wenn Pinguine versuchen, dem Partner auf dem Eis das Ei zu übergeben. Beim wahren authentischen In-Beziehung-Sein handelt es sich um die Kunst, ein sehr empfindliches Gleichgewicht zu halten; es handelt sich um einen Tanz der Anmut und Gnade, der perfekt synchron ist, wenn wir präsent sind. Präsenz ist der Schlüssel. Ansonsten kann es sein, dass diese Chance in dieser Beziehung genauso vertan ist wie all jene, die wir bisher verpasst haben.

Aus diesem Grund wählen wir als Symbol für Feld 113 einen watschelnden Pinguin mit „glücklichen Füßen" [eine Anspielung auf den Zeichentrickfilm *Happy Feet*; Anm. d. Übers.]. Selbstverständlich können Sie für sich ein anderes Symbol wählen, wenn Ihnen das lieber ist. Pinguine sind Meister der Teamarbeit, sie haben ein gemeinsames Ziel und sind bereit, sich von Herausforderungen nicht unterkriegen zu lassen – lauter Aspekte des wahren authentischen In-Beziehung-Seins und von Feld 113.

Pinguine sind in ihrer wahren authentischen Kraft und Macht kaum unterzukriegen; und sie verfügen über eine Resilienz, die es ihnen ermöglicht, sogar unter den schwierigsten Umständen zu wachsen und zu gedeihen. Wahres authentisches In-Beziehung-Sein kann gelegentlich eine Herausforderung darstellen, da sowohl die Liebe als auch starre Ansichten über die Realität als Parameter zwischen den Beteiligten wirken. Feld 113 und ein freundliches Pinguinwackeln können uns daran erinnern, flexibel zu sein, wenn wir uns auf andere beziehen, und Feld 113 kann genau diese Flexibilität auch stärken.

Pinguine sind höchst intuitive Geschöpfe, die zu wissen scheinen, wann es wegzuwatscheln und woanders hinzuschwimmen gilt. Manchmal kann wahres authentisches In-Beziehung-Sein uns auch die Erkenntnis vermitteln, dass es an der Zeit ist, *neue* Gewässer und Territorien aufzusuchen, um zu leben, zu lieben, schöpferisch zu sein und in unserem Liebeshologramm Erfahrungen zu machen.

Pinguine sind auch sehr gut darin, Dinge neu und anders wahrzunehmen. Pinguine können ja nicht fliegen, doch das hält sie von nichts ab. Sie legen ein unglaubliches Vertrauen in sich und ihre Umgebung an den Tag. Und genauso kann Feld 113 uns lehren, auf uns zu vertrauen, wenn wir mit anderen Menschen, Gruppen oder Organisationen in Kontakt sind. Wir können das In-Beziehung-Sein auf der Grundlage *neuer* Möglichkeiten erfahren statt auf der Basis erstarrter Vorstellungen aus vergangenem Erleben.

Der praktische spielerische Umgang mit dem wahren authentischen In-Beziehung-Sein und Feld 113 ist etwas sehr Individuelles. Wenn man es erfährt, so bedeutet das, die Schönheit der Liebe zu erfahren, die mit dem eigenen Selbst und dem des anderen tanzt. Manchmal empfinden wir es vielleicht als mühsam, doch es lohnt sich immer, uns selbst Achtung entgegenzubringen, wenn wir mit uns selbst und anderen in Beziehung sind.

Bereit für neue Erfahrungen? Dann lassen Sie uns beginnen ...

Lassen Sie sich ins Herzfeld sinken und zentrieren Sie sich jetzt in Ihrer Blase der Liebe, wenn Sie mögen. – Lassen Sie nun im Geiste eine Situation oder Umstände aus Ihrem Leben auftauchen, in denen Ihnen mehr wahres authentisches In-Beziehung-Sein willkommen wäre. Machen Sie sich davon Notizen. Projizieren Sie nun einfach das Bild der gewählten Situation oder der Umstände in eine zweite Blase der Liebe direkt vor Ihnen.

Wie könnte Ihnen die Verbindung mit Feld 113 dabei helfen, einen anderen Bezug zu dieser Erfahrung zu bekommen, indem Sie sich ermächtigter und freier erleben? Notieren Sie sich alle Ideen, die Ihnen dazu kommen, oder bemerken Sie, wie sich das Bild in der Blase der Liebe vor Ihnen bereits zu verändern beginnt.

Geben Sie Feld 113, dem wahren authentischen In-Beziehung-Sein, ein Signal und richten Sie Ihre Aufmerksamkeit gleichzeitig auf das Symbol der Pinguine. Geben Sie auch ihnen einen Platz in der Blase der Liebe vor Ihnen.

Wenn die Pinguine mit der von Ihnen gewählten Situation beziehungsweise den gewählten Umständen interagieren würden, um Ihnen ein Beispiel für wahres authentisches In-Beziehung-Sein zu geben, welche Eigenschaften wären da im Spiel? Besäßen sie spielerische Leichtigkeit, Spontaneität, Vertrauen? Würden wir Zeugen des Vertrauens des Herzens, wenn sie sich auf das zerbrechliche Ei der Emotionen konzentrierten, das mit liebevoller Fürsorge und Präsenz im wahren authentischen In-Beziehung-Sein immer wieder hin- und hergeschubst wird?

Wären Ihre Pinguine furchtlos und bereit, sich verletzlich zu zeigen, wenn sie sich neue Terrains zum Spielen erschließen, anstatt sich von der Erinnerung an einstige Ausrutscher auf dem Eis bremsen zu lassen? Wie können Ihnen diese Aspekte des Verhaltens der Pinguine dabei helfen, in stärkere Resonanz mit Feld 113 zu kommen, damit Sie mehr wahres authentisches In-Beziehung-Sein in Ihrem Liebeshologramm erleben können?

Wenn Sie Feld 113 zu Hause, in Ihrem weiteren sozialen Umfeld und vielleicht sogar bei der Arbeit nutzen würden, was würde sich da für Sie ändern? Welche Unterstützung würde Ihnen dieses Feld des wahren authentischen In-Beziehung-Seins dabei bieten, mehr *Flow*, Freude und Erfüllung in Ihren Unternehmungen zu erfahren? Spielen Sie mit diesem Feld wie mit einem neuen Freund und lassen Sie sich überraschen, wie leicht das Eis, das uns erstarren lässt, schmilzt und wir plötzlich von kleinen Liebespfützen umgeben sind. Beginnen Sie jetzt einfach damit, wahr und authentisch in Beziehung zu sein.

Feld 114

Wahre authentische Schönheit –
In allen Körpern zu Hause

Dieses Feld unterstützt uns in der Wertschätzung für das heilige Behältnis unseres physischen Körpers und fördert die kohäsive Verbindung all unserer Körper untereinander, betrifft also auch den mentalen, emotionalen, spirituellen und ätherischen/kausalen Körper.

Feld 114 ermöglicht es uns, in allen Schichten unseres Seins wieder Harmonie herzustellen, die Lebenskraft zu erneuern und Klarheit zu erzeugen, damit wir auf allen Ebenen zu Hause sein können.

Wir können dieses Feld nutzen, um die Kohärenz zwischen allen unseren Körpern zu stärken. Es kann zum Beispiel sein, dass es mir physisch gut geht, aber emotional spüre ich keinen Bezug zu mir oder zu den Szenarien, die ich geschaffen habe. Vielleicht bin ich aber auch emotional ganz zufrieden, doch mental sehr abgelenkt oder zerstreut. Dieses Feld schenkt uns Präsenz auf allen Ebenen des Seins.

Feld 114 stärkt unsere Fähigkeit, unseren Körper ganz allgemein wertzuschätzen. Viel zu leicht sind wir verleitet, unsere Unzulänglichkeiten zu „bekritteln". Dieses Feld unterstützt uns bei der Wertschätzung unserer wahren authentischen Schönheit. Achten Sie darauf, wie Sie mit Ihrem Körper sprechen. Feld 114 unterstützt uns dabei, unseren Körper zu lieben und liebevolle Worte für uns selbst zu finden.

Folgende Erfahrungen haben andere bereits mit Feld 114 gemacht:

„Wenn ich das Gefühl habe, dass einer meiner Körper Unterstützung braucht (emotional, physisch, mental, spirituell), rufe ich Feld 114 herbei, damit sich wieder Homöostase einstellt. Ich kuschle abends auch richtig gern mit meinen Kindern und rufe Feld 114 als Unterstützung für ihren süßen kleinen Körper zu Hilfe."

* * *

„Ich rufe nun seit ein paar Tagen Feld 114 herbei, während ich gleichzeitig die Muster rund um meine Gewichtszunahme beobachte, und bestimmte Haltungen und Gewohnheiten haben sich bereits verändert. Mein Gewicht verringert sich ganz mühelos und ich genieße es, zu walken und kleinere Portionen zu essen. Das alles fühlt sich ganz spielerisch an!"

Als Symbol für dieses Feld wählen wir den Seestern. Er ist ein Symbol ewiger Liebe und repräsentiert auch Erneuerung. Wie Sie bestimmt wissen, besteht eine der bemerkenswerten Fähigkeiten des Seesterns darin, seine Gliedmaßen (ja, grundsätzlich jeden beliebigen Teil seines Körpers) nachwachsen zu lassen. Auch wir sind insofern wie Seesterne, als sich alle unsere Körper erneuern können – angefangen vom physischen und mentalen über den emotionalen und spirituellen bis hin zum ätherischen/kausalen. Die Resonanz mit Feld 114 hilft uns dabei, in allen unseren Körpern zu Hause zu sein.

Bereit für neue Erfahrungen? Dann lassen Sie uns beginnen ...

Lassen Sie sich ins Herzfeld sinken und zentrieren Sie sich in Ihrer Blase der Liebe, wenn Sie mögen. Lassen Sie vor Ihrem inneren Auge einen Seestern auftauchen. Wenn es Ihnen lieber ist, können

Sie dieses Symbol auch in einer Blase der Liebe vor Ihnen erscheinen lassen. Verbinden Sie sich nun mit dem Seestern – das ist das Signal Ihrer Intention, den Feld-*Flow* von Feld 114 zu aktivieren.

Lassen Sie die fünf Arme des Seesterns alle Ihre Körper repräsentieren: den physischen, mentalen, emotionalen, spirituellen und ätherischen/kausalen. Während Sie jedem Arm einen Körper zuordnen, achten Sie darauf, was der Arm jeweils mit dieser Information macht. Wird der physische Arm kürzer? Fehlt der emotionale Arm überhaupt? Sind der mentale und der spirituelle Arm ineinander verschlungen wie eine Brezel? Was auch immer geschieht, es ist perfekt. Schreiben Sie alles auf, was Ihnen da so auffällt.

Folgen Sie Ihrer Vorstellung und lassen Sie sich von der Neugier durch diese spielerische Praxis führen. Inwiefern stehen die Informationen, die Ihnen der Seestern zur Verfügung stellt, in Zusammenhang mit bestimmten Umständen, die in Ihrem Liebeshologramm herrschen? Arbeiten Sie schon seit geraumer Zeit zu viel und gönnen sich nicht genügend Erholung und spielerische Kreativzeit, sodass der physische Arm des Seesterns zu kurz kommt, was Vitalität betrifft? Ignorieren Sie vielleicht schon eine Weile Ihre Emotionen (und Intuitionen) hinsichtlich eines Musters in Ihrem Leben, sodass der entsprechende Seesternarm komplett fehlt und daher keine Verbindung zu den anderen Armen Ihres Gesamtkörpers besteht? Segmentieren Sie eventuell Ihre spirituelle Essenz und pressen Sie sie in einen mentalen Rahmen, sodass es zu einer „brezelähnlichen" Verflechtung dieser beiden zentral wichtigen Informationsträger kommt?

Halten Sie Verbindung zu Feld 114 und laden Sie es ein, die Arme Ihres Seesterns zu erneuern, wo nötig. Es sollten klare, kohäsive Signale sein, sodass Ihr Seestern wieder symmetrisch wird. Welche Wahrnehmungen, Gefühle oder Empfindungen haben Sie während dieses Prozesses der Neukonfigurierung? Welche Gedanken oder Erlebnisse kommen Ihnen da in den Sinn? Machen Sie sich Notizen, wenn Sie möchten.

Rufen Sie Feld 114 immer dann zu Hilfe, wenn Sie in einem oder in allen Ihren Körpern, die ja miteinander verbunden sind, mehr Liebe brauchen. Der Seestern erinnert uns daran, dass wir am besten im Meer unseres Herzens schwimmen sollten und dass wir da die Kraft haben, die Art und Weise zu erneuern und zu transformieren, wie wir mit all unseren Körpern als Informationsträgern in Beziehung stehen. Es geht um die Wertschätzung des heiligen Behältnisses nach Art des Seesterns.

$\mathcal{F}e\ell\eth$ 115

Themen im Zusammenhang mit „Mutter sein"

Feld 115 fördert durch die Beziehung zu unserer eigenen Mutter eine kohärente und kongruente Beziehung mit der Mutterschaft als übergeordneter kreativer Kraft. Vertrauen. Vertrauen in das Selbst in Beziehung zum Selbst. Vertrauen in das Selbst in Beziehung zur Mutter. Vertrauen in das Selbst in Beziehung zum Anderen. Vertrauen in das Universum. Dieses Feld bezieht sich auf unsere Mütter, auf das Mutter-Sein, auf das „Nicht-Mutter-Sein", darauf, nie bemuttert zu werden, oder viel zu sehr bemuttert worden zu sein, und auch auf Schwiegermütter. Dieses Feld schließt kohäsive Beziehungen mit allen Aspekten von Mutter Natur und Angelegenheiten des Nährens und Genährtwerdens mit ein.

Dies ist ein Feld des Vertrauens, das auch unsere Selbstliebe und eine nährende Haltung uns selbst gegenüber stärkt, beides Formen davon, wie wir uns selbst Mutter sind. Feld 115 klärt für Männer wie für Frauen alle Zerwürfnisse und Verzerrungen im Zusammenhang mit Mutterthemen.

Was das heilige Weibliche betrifft, hilft Feld 115 ebenso bei der Transformation zu Unrecht vereinnahmter Energien und verzerrter Gitter im kollektiven Bewusstsein, die in alle Beziehungen zu Mutterthemen und Ersatzschauplätze der Kontrolle projiziert werden und sich in ihnen spiegeln.

Feld 115 unterstützt alle Formen des Mutterseins, ob es dabei nun um ein Kind oder um ein Unternehmen, ein Projekt oder um ein persönliches Bedürfnis geht. In uns allen steckt Mutterenergie als potenzielle Kraft. Wenn wir unsere Resonanz mit verzerrten Schablonen im Feld der Mutterthemen klären, dient das in unserem Liebeshologramm als Katalysator für das kreative Potenzial dieser Mutterenergie, das sich dann in allen Angelegenheiten widerspiegelt.

Als Symbol für dieses Feld aller Themen im Zusammenhang mit „Mutter sein" wählen wir die Lilie. Lilien können ein Tor zu Feld 115 darstellen und dabei helfen, Themen bezüglich der Weiblichkeit zu klären, während sie Kreativität, Empfänglichkeit, Intuition, Mitgefühl und Liebe aktivieren. Als Leuchtsignal für Feld 115 bieten Lilien Männern wie Frauen eine Öffnung in eine mitfühlendere Art zu sein. Dieses Dasein ist nährend, schließt alles ein und ist an Gemeinschaft orientiert.

Dieses Feld und die Lilie als sein Symbol helfen auch bei der Klärung von veralteten Formen, mit dem in Beziehung zu sein, was man unter dem heiligen Weiblichen versteht. Es gibt eine Bewegung über das verletzte und auch das reaktive Weibliche hinaus und hin zu einem ganzheitlichen Weiblichen, das das Männliche als Teil von sich miteinschließt. Feld 115 stärkt uns darin, das heilige Weibliche in allem willkommen zu heißen.

Wenn wir in Feld 115 spielen, kann sich das unmittelbar darauf auswirken, wie wir uns in Bezug auf uns selbst, unsere Mutter, andere Frauen und solche Felder fühlen, die seit jeher Frauen und Männern alle eigene Macht absprechen und Kontrolle als Ersatz für echte Macht über sie ausüben.

In dieser Verbindung mit 115 empfinden wir vielleicht Vertrauen und das stärkt unser Wissen darum, vom Schoß der Schöpfung in einem unendlich liebevollen Universum genährt zu werden. Dies ist ein Feld des Feierns für alle Mutterthemen. Wir zelebrieren unsere Fähigkeit, uns selbst Mutter zu sein, und wir zelebrieren alle Formen des Mutter-Seins, die uns dazu motivieren, in unserem Liebeshologramm etwas zu kreieren und zu verwirklichen.

Bereit für neue Erfahrungen? Dann lassen Sie uns beginnen …

Lassen Sie sich ins Herzfeld sinken und zentrieren Sie sich in Ihrer Blase der Liebe. Geben Sie Feld 101 ein Signal, wenn Sie sich Unterstützung wünschen.

Denken Sie an ein Thema im Zusammenhang mit Muttersein in Ihrem Leben, das Sie ändern wollen, und fühlen Sie sich jetzt in das Muster hinein. Welche Wahrnehmungen, Gefühle oder Empfindungen haben Sie? Welche Gedanken oder Erlebnisse kommen Ihnen in den Sinn? Machen Sie sich Notizen, wenn Sie mögen. Signalisieren Sie jetzt Ihre Intention, sich mit Feld 115 zu verbinden, den Themen rund ums Muttersein, und sehen Sie in Ihrem Liebeshologramm eine Lilie, als Symbol Ihrer Verbindung zu diesem Feld des Vertrauens.

Wenn die Lilie Ihnen etwas über das von Ihnen gewählte Muster sagen könnte und darüber, wie die Verbindung mit Feld 115 Ihre Beziehung zu Mutterthemen verändern kann, was würde die Lilie dann eventuell sagen? Spricht sie von Vertrauen in sich selbst, von Vergebung und von der Wertschätzung des Selbst und aller Angelegenheiten des Mutterseins? Lädt die Lilie Sie dazu ein, in Ihre eigene Weiblichkeit hinein zu erblühen und diese Blüte in den *Flow* der männlichen Energien zu integrieren, die uns allen natürlicherweise innewohnen?

Spricht die Lilie zu Ihrem Herzen, flüstert sie Ihnen Selbstermächtigung zu? – Nicht als Form der Kontrolle über etwas, sondern als Funktion einer inneren Herrschaft und eines Fließens mit der formlosen ewigen Liebe der göttlichen weiblichen Energie, auf der alles beruht? Antworten, Gedanken, Ideen, Empfindungen oder alles, was Ihnen sonst noch in den Sinn kommt – lassen Sie es in Ihrer Aufmerksamkeit auf sich wirken und machen Sie sich Notizen, wenn Sie mögen. Laden Sie alle Botschaften ein, sich so lange in Ihrem Liebeshologramm zu drehen, bis Sie sich entscheiden, sie als einen ganzen Teil Ihres Selbst zu verkörpern.

Achten Sie ganz genau darauf, wie sich das Muster, das Sie gewählt haben, als Ergebnis der Resonanz mit Feld 115 verändert. Nehmen Sie den *Flow* wahr. Nehmen Sie das Vertrauen wahr. Nehmen Sie die Lilie immer dann wahr, wenn Sie sich für Unterstützung bei einer steten bewussten Verbindung mit dem Feld der Themen rund ums Muttersein entscheiden.

Feld 116

Wahrer authentischer Wunsch – Vergnügen

Wahre authentische Wünsche sind echte Wünsche, die aus dem Herzfeld aufsteigen. Sie sind Fingerzeige des universellen Bewusstseins, die uns zur Aufmerksamkeit mahnen, denn wenn sie sich entfalten dürfen, manifestieren sie sich als etwas ganz Großartiges.

Feld 116 unterstützt uns im Aktivieren unserer wahren authentischen Wünsche. Ein wahrer authentischer Wunsch ist etwas Inspirierendes. Was Sie inspiriert, bringt Ihnen Freude. Freude ist wie die Sonnenstrahlen für den „Wunsch-Samen" und den Boden, der ihn nährt – Signale der Freude über die Kraft der Liebe als Leben. Die Freude am Dasein spiegelt sich im Herzen des Samens Ihres authentischen Wunsches wider. Zwei Herzen senden „ver-ein-t" ihre Signale aus, während Ihr Herz und Ihre Samenideen in spiralförmigen Wellen der Gnade miteinander tanzen. Zusammen lassen sie in ihrem Ausdruck endliche Formen von Differenzierungen aus der unbegrenzten Formlosigkeit heraus entstehen. Wahre authentische Wünsche sind holografische Samen der Ganzheit, die durch Handlungen und Erfahrung ins Dasein hineingeboren werden.

Dieses Feld ist auch ein Feld des Vergnügens im Sinne der Sinnlichkeit und der „saftigen" Körperlichkeit. [Die Autorin möchte Vergnügen – *pleasure* – als *PLAY-sure* gelesen wissen, also als „sicheres Spiel"; Anm. d. Übers.] Es stärkt unsere Verbindung zu unserem eigenen Nektar, unserer eigenen fließenden Liebe, die alle Unternehmungen nährt.

Als Symbol für dieses Feld wählen wir ein Samenkorn. Es wird in einem Garten in den nährenden Erdboden gelegt, regelmäßig und aufmerksam gegossen und vom Sonnenlicht der Freude in unserem Liebeshologramm aktiviert und zum Keimen gebracht.

Feld 116 kann uns auch dabei helfen, unsere wahren authentischen Wünsche überhaupt erst zu erkennen. Was macht uns wirklich Freude? Die Antwort, die aus der inneren Wahrheit als Quelle stammt, kennen viele vielleicht gar nicht, weil das Sonnenlicht der Freude vielleicht hinter Wolken verwirrender und verzerrter Programme und hinter den Erwartungen anderer Menschen verborgen ist.

Feld 116 kann uns darin unterstützen, die jungen Pflänzchen der wahren authentischen Wünsche vom Unkraut der Programmierungen zu unterscheiden, sodass wir unseren Garten jäten und dadurch den wahren authentischen Wünschen Platz machen können, damit sie keimen und erblühen können.

Bereit für neue Erfahrungen? Dann lassen Sie uns beginnen ...

Lassen Sie sich in Ihr Herzfeld sinken und zentrieren Sie sich in Ihrer Blase der Liebe. Geben Sie Feld 101 ein Signal, wenn Sie sich dabei Unterstützung wünschen. Lassen Sie etwas auftauchen, was ein wahrer authentischer Wunsch sein könnte, und lassen Sie ein Symbol, eine Farbe oder einen Gegenstand dafür vor Ihrem inneren Auge auftauchen. Verbinden Sie sich jetzt mit dem Symbol und spüren Sie sich hinein, als wäre es in Ihrem Liebeshologramm bereits voll erblüht.

Signalisieren Sie nun Ihre Intention, sich mit Feld 116 zu verbinden, dem Vergnügen wahrer Wünsche. Lassen Sie ein Samenkorn – das Symbol für dieses Feld – in Ihrer Aufmerksamkeit auftauchen. Bleiben Sie mit dem Symbol für Ihren wahren authentischen

Wunsch und mit dem Samenkorn verbunden und stellen Sie sich vor, Sie stünden vor einem Beet in einem Garten. Wählen Sie die Stelle aus, an der Sie den Samen in die Erde legen wollen, der nun bald mit Ihrer liebenden Intention gegossen und vom Sonnenlicht genährt wird. Säen Sie ihn zusammen mit dem Symbol Ihres verwirklichten wahren authentischen Wunsches aus, als wären die beiden in einer liebevollen Umarmung eins.

Zusammen werden nun das Samenkorn des Potenzials und die Projektion des verwirklichten wahren authentischen Wunsches wachsen; in ihnen spiegeln sich die symmetrischen Wellen der Liebe, sodass sie in der Verwirklichung und Erfahrung erblühen können. Bleiben Sie mit Feld 116, dem Samenkorn des wahren authentischen Wunsches und der potenziellen Manifestation verbunden, und fragen Sie sich: „Mit welchen Entscheidungen und Handlungen kann ich dieses Samenkorn nähren, gießen und die Sonnenstrahlen der Freude stärken, die ihm signalisieren, dass es wachsen und erblühen darf?" Schreiben Sie alle Ideen, Gedanken und Pläne auf, die Ihnen da in den Sinn kommen mögen. Achten Sie auch auf alle Empfindungen und Erfahrungen, die auftauchen.

Nutzen Sie dieses Feld auch als Nektar für Ideen, der diesen Saft und Kraft verleiht, damit Sie Lust haben, zu handeln. Besuchen Sie täglich Ihren Garten und gießen Sie die Samen. Lassen Sie liebevolle Lichtstrahlen auf die Erde fallen und öffnen Sie Ihr Herz für die Verbindung zwischen dem Samen des Potenzials und dem Samen der Vollendung, die hier „ver-ein-t" wachsen. Vergessen Sie nicht, zur Unterstützung der Kultivierung dieses wahren authentischen Wunsches auch zu *handeln*, etwas zu unternehmen! Holen Sie andere Felder zur Unterstützung hinzu, wenn Ihnen das in den Sinn kommt.

Alle wahren authentischen Wünsche sind Samenkörner der Vollendung. Achten Sie spielerisch, ohne Anspannung, auf wahre authentische Wünsche, deren Antrieb der Saft des Vergnügens im Sinne von Feld 116 ist, und gestatten Sie ihnen, sich in Ihrem Liebeshologramm zu Spiegelungen von etwas ganz Großem zu entwickeln und voll zu erblühen.

Feld 117

Spielen und die Zeit vergessen

Feld 117 anerkennt, dass jeder neue Augenblick ein neues Zeitalter mit sich bringt und die Schönheit der Zeit darin liegt, dass sie eine ewige Spirale der Liebe ist. In diesem Feld geht es darum, eine neue Beziehung zur Zeit aufzubauen, in der das lineare Leben sich so ausdehnt, dass es völlig unabhängig von unserem Alter zu grenzenlosem Lieben wird. Feld 117 fördert uns darin, die Zeit als etwas anzunehmen, was auf der Basis eines Lebens im ewigen Jetzt Unterscheidungen und Besonderheiten umfasst.

Die Resonanz mit Feld 117 kreiert neue Möglichkeiten, sich auf den Prozess des Alterns zu beziehen – im Sinne von fortschreitender Weisheit und weiteren Unterscheidungen hinsichtlich unserer Erfahrungen. Durch unschuldige Augen lässt sich jeder Augenblick neu wahrnehmen und jede Bewegung entsteht durch das ewige Du. Ohne Ansehen des Alters oder der Zeit zu leben und zu lieben bedeutet, die Kunst des Spiels in jeden Moment einfließen zu lassen, völlig unabhängig von unserem chronologischen Alter.

Als Symbol für dieses Feld wählen wir den Schwan. Der Schwan ist ein Symbol für Anmut und ewige Liebe. Er kann auch Gleichgewicht repräsentieren und die Bereitschaft, sich zu verpflichten. Feld 117 stärkt die Liebe zum Selbst zu allen Zeiten und das unumstößliche Ja zu der inneren Schönheit und dem intuitiven Wissen des zeitlosen Herzens. So legen wir weniger Aufmerksamkeit auf die äußeren Standards, die durch bestimmte gesellschaftliche Erwartungen gesetzt werden.

Altern ist ein morphisches Feld und wie ein Schwan können auch wir anmutig auf die Resonanz mit ewigen Feldern der Liebe zugleiten, die die Begrenzungen der linearen Zeit nicht für sich gelten lassen.

Schwäne erinnern uns daran, wie schön es ist, im Moment zu sein und zu fließen. Ihr anmutiges Dahingleiten auf dem Wasser erzeugt kaum eine Welle. Das soll nicht heißen, dass Sie keine Wellen schlagen sollten, sondern, dass Sie keine Welle zurücklassen sollten. Nichts geht jemals verloren, nichts wird jemals vergessen. Unsere Bewegungen, Entscheidungen und Erfahrungen fließen immer mit uns mit, wenn wir uns sachte von den Strömungen unseres Lebens mittragen lassen, ohne ihnen Widerstand entgegenzusetzen.

Bereit für neue Erfahrungen? Dann lassen Sie uns beginnen ...

Lassen Sie sich ins Herzfeld sinken und zentrieren Sie sich in Ihrer Blase der Liebe. Verbinden Sie sich mit Feld 101, wenn Sie sich Unterstützung wünschen. – Denken Sie nun an eine Situation in Ihrem Leben, die allem Anschein nach etwas mit dem Altern oder der sogenannten weit zurückliegenden Vergangenheit zu tun hat. Vielleicht ist es etwas, was Sie erleben, oder es betrifft ein Familienmitglied oder vielleicht sogar ein globales Feld, das einen Bezug zum Älterwerden hat. Wählen Sie ein Symbol für dieses Muster. Vielleicht kommt Ihnen da ein Bild von dem Muster, ein Wort, eine Farbe oder Ähnliches in den Sinn. Projizieren Sie das Symbol in Ihr Liebeshologramm hinaus, wobei es innerhalb oder außerhalb der Parameter Ihrer Blase der Liebe liegen kann, je nachdem, was sich für Sie am besten anfühlt.

Achten Sie auf die Gedanken, Gefühle, Empfindungen oder Erfahrungen, die durch die Verbindung mit diesem Muster in Ihr Gewahrsein treten. Machen Sie sich Notizen, wenn Sie mögen.

Signalisieren Sie nun Ihre Absicht, sich mit Feld 117 zu verbinden, mit dem Spielen ohne Ansicht des Alters, und nehmen Sie vor Ihrem inneren Auge das Symbol des Schwans direkt neben dem Symbol für das Muster wahr, das Sie haben auftauchen lassen. Laden Sie sich ein, sich der Schönheit und Anmut dieses zauberhaften Geschöpfs zu öffnen. Bleiben Sie mit ihm verbunden und lassen Sie das Bild des Schwans mit dem Symbol für das Muster, das Ihnen ein Anliegen ist, verschmelzen. Alle Lösungen dafür stehen im ewigen Jetzt zur Verfügung.

Was fällt Ihnen auf, wenn diese beiden Symbole zu *einem* verschmelzen? Wenn Sie möchten, machen Sie sich Notizen von den Gedanken, Gefühlen, Empfindungen oder Erfahrungen, die Ihnen in den Sinn kommen. Inwiefern bietet Ihnen die Verbindung mit Feld 117 über das Symbol des Schwans Unterstützung hinsichtlich des Musters, auf das Sie Ihre Aufmerksamkeit gerichtet und mit dem Sie interagiert haben, weil Sie die Resonanz dazu gerne modifizieren würden? Wenn Sie die Verbindung zu Feld 117 aufrechterhalten, inwiefern könnte das weiteren Veränderungen ermöglichen, Wellen in Ihr Liebeshologramm hinauszuschicken? Sie können beliebig lange mit Feld 117 verbunden bleiben, genauso wie mit allen anderen Feldern auch. Das Symbol des Schwans wird immer zur Verfügung sein und dafür stehen, dass Sie dem Feld des zeitlosen Spielens gegenüber offen sind.

Feld 118

Spiel – Potenzielle Liebe, die Sie erwartet

SPIEL ist *PLAY – Potential Love Awaiting You –*, also potenzielle Liebe, die Sie erwartet.

Dies ist ein Feld der kreativen Flexibilität und der Kameradschaft mit sich und anderen. Feld 118 hilft uns dabei, ganz mühelos Zugang *dazu* zu finden, ohne vorgefasste Pläne oder Ziele zu spielen. In diesem Feld sind wir dazu in der Lage, bereitwillig wieder zu kleinen Kindern mit ihrem grenzenlosen Staunen und ihrer unschuldigen Wahrnehmung zu werden und uns in diesem Seinszustand total von dem überwältigen zu lassen, was im nächsten Moment wieder an Spannendem passiert. Dieses Feld unterstützt unsere Fähigkeit zu SPIELEN, was wiederum unsere Freude zum Vorschein bringt und den *Flow* wiederherstellt.

Wenn wir spielen, holt uns das aus unseren Gedanken und führt uns in unser Herz. Ein Raum des Spielens ist ein Ort, an dem alles möglich ist. Von diesem Raum des herzzentrierten Gewahrseins aus haben wir Zugang zu allem.

Als Symbol für Feld 118 wählen wir das Bild einer Gruppe kleiner Kinder, die Spaß am Spielen haben, egal, wo sie sein mögen – am Strand, im Park oder in einem Raum. Kinder können mit ihrer Freude am Fantasievollen ihre Umgebung zum Leben erwecken. Wenn Kinder spielen, sind sie ganz im Moment, ohne an das Gestern oder Morgen zu denken. Spiel ist Gewahrsein der kreativen Intelligenz, die sich im Jetzt ausdrückt. Unsere Fähigkeit zu SPIELEN erwacht, wenn wir das magische, kindliche Staunen willkommen heißen, das wir alle seit jeher und für immer in uns tragen.

Dieses Feld ist auch ein Feld der Freundschaft mit uns selbst und anderen. Unsere Fähigkeit, uns selbst der beste Freund beziehungsweise die beste Freundin zu sein, und dann auch ein wahrer authentischer Freund für andere, wird durch die Resonanz mit Feld 118 gestärkt.

Sind kontrollierende Kräfte im Spiel, kann sich die Zusammenarbeit nicht frei entfalten. Sie erblüht durch zarte Anweisungen aus dem Herzfeld – behutsame Bewegungen der Einheit, die sich in Vielfalt ausdrücken. Dieses Feld fördert genau diese Zusammenarbeit. Sie ist individuell geteilte Gemeinschaft. Nehmen Sie teil an der ruhigen Einheit der Gemeinschaft. [Community – Gemeinschaft – möchte die Autorin auch als calm-unity gelesen wissen. Anm. d. Übers.]. Arbeiten Sie zusammen, feiern Sie und kreieren Sie etwas gemeinsam!

Bereit für neue Erfahrungen? Dann lassen Sie uns beginnen …

Lassen Sie sich ins Herzfeld sinken und zentrieren Sie sich in Ihrer Blase der Liebe. Geben Sie Feld 101 ein Signal, wenn Ihnen zusätzliche Unterstützung sinnvoll erscheint. – Denken Sie nun an ein paar Bereiche oder Umstände in Ihrem Leben, die so wirken, als hätten sie gar nichts Spielerisches an sich. Vielleicht ist es ein Szenario bei der Arbeit oder die Art, wie Sie sich auf jemanden in Ihrer Familie beziehen. Vielleicht ist es auch einfach nur die Hausarbeit, zum Beispiel das Putzen oder Geschirrspülen. Oder rufen Sie sich ein Muster ins Bewusstsein, in dem Ihre Freundschaft mit sich selbst und anderen etwas Stärkung vertragen würde.

Signalisieren Sie Ihre Intention, sich mit Feld 118 zu verbinden, dem SPIEL. Rufen Sie sich in Ihrem Liebeshologramm das Bild spielender Kinder ins Bewusstsein, das Symbol für Feld 118. Diese Kinder bauen vielleicht am Strand Sandburgen oder spielen im Park Verstecken. Oder sie sind vielleicht einfach in ihre Fantasiewelt eingetaucht und befinden sich zusammen auf einem Piratenschiff oder in einer Burg, in einem Königreich weit, weit weg. Was auch immer da vor Ihrem inneren Auge auftaucht, wenn Sie an spielende Kinder denken – vertrauen Sie dem.

Wenn Sie sich mit Feld 118 verbinden, fragen Sie sich, inwiefern das Feld des SPIELS die Umstände oder die Situation positiv beeinflussen könnte, die aller spielerischen Leichtigkeit zu entbehren scheinen. Inwiefern kann die Nachahmung von kindlichem Staunen, unschuldiger Wahrnehmung, Freundschaft mit sich selbst und anderen und mit dem Universum die Konfiguration Ihres Liebeshologramms und die dazugehörigen Erfahrungen verändern? Notieren Sie sich alle Gedanken, Empfindungen, Emotionen oder Erlebnisse, die Ihnen in den Sinn kommen, wenn Sie gerade mit Feld 118 verbunden sind – dem SPIEL als der potenziellen Liebe, die Sie erwartet. Warten Sie nicht. Greifen Sie jetzt, jederzeit und immer auf dieses liebevolle Feld zu!

Feld 119

Seien Sie Ihr eigenes Licht!

Feld 119 unterstützt resonantes Gewahrsein, *Flow* und anmutige Leichtigkeit in Bezug darauf, sein eigenes Licht zu sein. Entscheiden Sie sich dafür, das Licht und die Freude dessen, der Sie sind, als eine wahrhaftig gestärkte Art des Seins nach draußen strahlen zu lassen – trotz der Kontraste und Projektionen, Schatten, Verzerrungen und beschränkten Reflexionen.

Lassen Sie Ihr Licht weiterhin leuchten, egal, was externe Platzhalter im Gewahrsein in das Liebeshologramm hineinprojizieren mögen. Feld 119 macht es uns allen leichter, unsere Leuchtkraft nicht länger zu reduzieren oder unser Licht nicht zu verstecken, damit jemand (oder etwas) anderes sich heller fühlt.

Licht strahlt nach draußen. Feld 119 unterstützt die Leuchtkraft des Lichts, der grenzenlosen Liebe dabei, völlig unabhängig davon zu strahlen, was jeweils gerade geschieht (oder nicht geschieht). Leuchten Sie weiter und seien Sie eine Sinuswelle für Liebe.

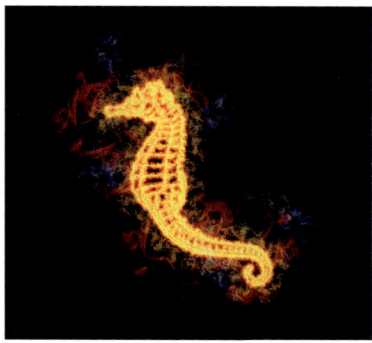

Als Symbol für Feld 119 wählen wir das Seepferd. Im Schwanz des Seepferdchens begegnen wir nicht nur den Proportionen der goldenen Spirale, sondern mit seiner Hilfe kann es sich auch fest mit einem Ort verbinden und raues, stürmisches Wetter und die stärksten Strömungen überstehen. Das Seepferd ist nicht schnell und sehr vorsichtig. Es legt eine gewisse Stabilität an den Tag, was darauf schließen lässt, dass es damit zufrieden ist, zu sein, was es ist.

Und jene Seepferdchen, die es wagen, ihr eigenes Licht zu sein, können sogar die dunkelsten Schichten der tiefsten Meere erhellen. Eine besondere Art unter den Seepferden (*Hippocampus erectus*) ist in der Lage, sich in einer Form von Strahlung, die als Biofluoreszenz bezeichnet wird, sein eigenes Licht zu sein. Grundsätzlich kann das Seepferd aber eben Licht in die tiefsten und dunkelsten Gewässer der Realität bringen. Wie das brillante Seepferd, so können das auch wir.

„Seien Sie Ihr eigenes Licht" ist ein Feld, das uns daran erinnert, dass wir unser Licht nicht abdunkeln sollten, damit es anderen gelingt, heller zu sein. Die Resonanz mit Feld 119 kann uns darin unterstützen, das Licht zu verkörpern, das wir sind, und völlig unabhängig von allem hell zu leuchten. Wir brauchen unser Leuchten nicht zu reduzieren, damit jemand (oder etwas) anderes heller erscheinen kann. Wir brauchen unsere strahlende Essenz nicht zu verschatten, damit wir uns von den Kontrasten und den dunkleren Ecken und Ritzen unserer Realität weniger stark abheben.

Bereit für neue Erfahrungen? Dann lassen Sie uns beginnen …

Lassen Sie sich ins Herzfeld sinken und zentrieren Sie sich in Ihrer Blase der Liebe. Senden Sie Feld 101 ein Signal, wenn Sie Unterstützung benötigen.

Aus dem Herzfeld heraus lassen Sie in Ihrem Gewahrsein eine Situation oder einen Umstand auftauchen, wo Sie aktuell Ihr eigenes Licht abdunkeln. Vielleicht haben Sie Angst davor, gesehen zu werden, oder Sie geben vor, kleiner zu sein, damit die anderen sich unnatürlich größer fühlen können. Was auch immer Sie da machen – verbinden Sie sich mit dem Muster. Welche Gedanken, Gefühle, Empfindungen oder Erlebnisse kommen an die Oberfläche, wenn Sie sich mit diesem Muster beschäftigen? Nehmen Sie ehrlich wahr, was da für Sie auftaucht, und machen Sie sich Notizen darüber, wenn Sie möchten.

Wenn Sie wüssten, warum Sie diese Strategie, Ihr Licht zu dimmen, entwickelt haben, was kommt Ihnen da in den Sinn?

Schreiben Sie es auf, wenn Sie wollen. Schließen Sie auch gern Gefühle oder Gedanken mit ein, die etwas mit Zurückweisung zu tun haben, mit Entfremdung oder Angst. Was auch immer Sie da genau entdecken und vor sich selbst über sich enthüllen – akzeptieren Sie es einfach so, wie es ist. Alles ist in Ordnung.

Signalisieren Sie jetzt Ihre Intention, sich mit Feld 119 zu verbinden. Lassen Sie sich von dem Symbol eines leuchtenden Seepferdchens im Ozean bei Nacht helfen, um sich bewusst mit Feld 119 zu verbinden. Und während dieses Symbol in Ihrem Liebeshologramm dahingleitet, fragen Sie, wie Feld 119 Sie darin unterstützen kann, Ihr eigenes Licht zu sein, ganz egal, was um Sie herum vorgehen mag Schreiben Sie sich Ihre Gedanken, Gefühle, Empfindungen oder Erlebnisse dazu auf.

Wie können Feld 119 und das leuchtende Seepferd Sie darin unterstützten, mit anderen in Beziehung zu treten und überall da Fortschritte zu machen, wo Sie zuvor vielleicht Ihr Licht abgedunkelt haben?

Wenn Sie wissen könnten, wie es sich anfühlt, in Ihrem Liebeshologramm ganz hell zu leuchten, welche Ihrer Erfahrungen würden sich dann anders gestalten? Verbinden Sie sich jetzt damit, wie es sich für Sie anfühlt, in allem, womit Sie in Ihrem Liebeshologramm in Beziehung stehen, so hell wie ein Seepferd zu leuchten. Bravo! Ihr Mut, Ihr eigenes Licht zu sein, verdient meine Anerkennung.

Geben Sie dem Seepferd und Feld 119 jederzeit ein Signal, wenn Sie das Gefühl haben, dass Sie Unterstützung und zusätzliche Stärke brauchen, und um daran erinnert zu werden, dass die natürliche Fähigkeit, Ihr eigenes Licht zu sein, ein integraler Bestandteil dessen ist, der Sie wirklich und wahrhaftig *sind*. Dieses ganz persönliche Licht (unabhängig von allen Umständen) zu akzeptieren bedeutet, die Freude daran zu entdecken, Sie selbst zu sein. Wagen Sie es, gesehen zu werden. Wagen Sie es, aus sich selbst heraus zu leuchten. Seien Sie Ihr eigenes Licht! Und Feld 119 und das biolumineszente Seepferd werden auch Sie nie im Dunkeln stehen lassen!

Feld 120

Ich liebe dich *und* … nein – Ich liebe dich *und* … ja – Bedingungslose Liebe bedeutet nicht, alle Bedingungen zu lieben

Feld 120 unterstützt die Resonanz mit der bedingungslosen Liebe, die durch Bedingungen erfahren wird, und die Fähigkeit, aus einem liebevollen, gnadenvollen Raum im Herzen heraus „Nein" zu sagen. Bedingungslose Liebe bedeutet nicht, alle Bedingungen zu lieben. Bedingungslose Liebe bedeutet nicht, alle Umstände zu tolerieren, um zu beweisen, dass wir bedingungslos lieben können. Die bedingungslose Liebe braucht keinerlei Beweise von uns. Bedingungslose Liebe kennt keine Bedingungen.

Die bedingungslose Liebe in Bezug auf Bedingungen hat allerdings Parameter. Der Liebe an sich werden keine Bedingungen auferlegt, doch den Umständen schon, unter denen wir bereit sind, mitzumachen (mit uns selbst und anderen).

Als Symbol für dieses Feld wählen wir die Libelle. Die Libelle kann einen Perspektivwechsel und eine Form von Selbsterkenntnis symbolisieren; diese Art von Veränderung ist eine Form mentaler und emotionaler Reife, in der sich Selbstliebe widerspiegelt.

Die Libelle hat die faszinierende Fähigkeit, im Flug blitzschnell all das zu erfassen, was an der Wasseroberfläche vor sich geht, und lädt uns dazu ein, unter die Oberfläche der immer wieder gleich ablaufenden Muster zu schauen, wie wir mit allem in Beziehung sind, sodass wir eine tiefere Bedeutungsebene der Selbstliebe in Bezug auf uns selbst entdecken.

Flügel und Körper dieses Geschöpfs schillern in den erstaunlichsten Farben. Schillern ist ja die Fähigkeit, sich in verschiedenen Farben zu zeigen, je nach Einfallswinkel und Polarisation des Lichts. Wir können bezüglich unserer Liebe anderen gegenüber ebenfalls, ähnlich wie die Libelle, verschiedene Identitäten annehmen. Und doch sind es immer unsere wahren

Farben, die da widergespiegelt werden, wenn wir aus dem Herzfeld heraus lieben und leben.

Feld 120 und das Symbol der Libelle erinnern uns daran, als wahres authentisches Selbst jeweils transparent zu sein und nicht die Farben der Muster zu übernehmen, mit denen wir vielleicht im Namen der sogenannten bedingungslosen Liebe in Berührung sind.

Wir dürfen wählen, welche Farben von unseren Flügeln reflektiert werden, und wir wählen unsere wahren, authentischen Farben. Wir wählen das wahre authentische Selbst.

Die Libelle steht für Geschwindigkeit, Gewandtheit und Anmut. Sie kann sich in alle sechs Richtungen bewegen und Geschwindigkeiten von bis zu 70 Kilometern pro Stunde erreichen. Außerdem kann die Libelle in der Luft stehen bleiben wie ein Hubschrauber, bevor sie rückwärtsfliegt – wobei sie nur minimal mit den Flügeln schlägt. Sie ist sehr effizient darin, sich in die Richtung fortzubewegen, für die sie sich entschieden hat.

Ohne sich vom Wind ins Wanken bringen zu lassen, legt die Libelle in ihren Bewegungen Klarheit, Effizienz und eine große Anmut an den Tag, wenn sie sich von unerwünschten Umständen entfernt und dem zuwendet, was sie sich als Ziel ausgesucht hat.

Wenn wir mit Feld 120 in Resonanz sind und uns über das Symbol der Libelle damit verbinden, dann kann uns das bei der Erkenntnis unterstützen, dass bedingungslos Lieben nicht bedeutet, dass wir uns in unerträglichen Situationen unentschlossen herumdrücken müssen.

Unser wahres authentisches Selbst ist wie die schillernde Libelle imstande, zu sagen: „Ich liebe dich und … nein, das funktioniert für mich so nicht. Ich liebe dich und … obwohl ich mit dir rückwärtsfliegen kann (oder in eine Menge chaotischer Richtungen, eigentlich sogar in jede beliebige Richtung), ist die Flugbahn, die du gewählt hast, für mich nicht stimmig. Deshalb habe ich beschlossen, eine andere Richtung einzuschlagen."

Feld 120 stärkt unsere Fähigkeit, die Oberfläche eines Flugmusters wahrzunehmen und auch die darunterliegende wirkliche Bedeutung zu erfassen, die es in Bezug auf die Selbstliebe hat. Vielleicht denken wir, dass bedingungslose Liebe bedeute, dass wir unseren Wert dadurch beweisen müssten, dass wir alles aushalten. Feld 120 wird uns ein neues Licht erkennen lassen, das durch unsere Flügel schimmert, sodass wir das Weite suchen und unseren Flug anders fortsetzen können, mit mehr Selbstermächtigung und Freiheit. Das bedeutet nicht, dass wir die Beziehung zu jenen abbrechen, mit denen wir unterwegs waren, sondern wir beziehen uns neu und anders aufeinander, aus anderen Blickwinkeln, mit einer Präzision und Anmut, die unser wahres authentisches Selbst ausdrücken.

Bereit für neue Erfahrungen? Dann lassen Sie uns beginnen …

Lassen Sie sich ins Herzfeld sinken und zentrieren Sie sich in Ihrer Blase der Liebe. Geben Sie Feld 101 ein Signal, wenn Sie sich zusätzliche Unterstützung wünschen.

Lassen Sie ein Muster auftauchen, das es in Ihrem Leben gibt und bezüglich dessen Sie vielleicht Mühe haben, sich mit dem Gedanken anzufreunden, dass bedingungslose Liebe die Möglichkeit mit einschließen kann, nicht alle Bedingungen zu lieben. Vielleicht können Sie in diesem Fall diese wichtige Unterscheidung nicht erkennen, und deshalb haben Sie Schuldgefühle oder kritisieren sich und andere.

Wie könnte Feld 120 Ihnen dabei helfen, frank und frei zu erkennen, dass Liebe nicht bedeutet, alle Situationen zu lieben? „Ich liebe dich und … nein, das hier funktioniert für mich nicht." – „Ich liebe dich und … ja, das hier funktioniert für mich." Wenn Sie das jetzt wahrnehmen und erleben könnten, inwiefern würde sich allein schon dadurch Ihr Erleben verändern? Inwiefern stellt „Ich liebe dich UND ..." für Sie ein Tor zu unendlich vielen Möglichkeiten dar?

Signalisieren Sie Ihre Intention, sich mit Feld 120 zu verbinden, und nutzen Sie das Symbol der Libelle, das dieses Feld ja repräsentiert. (Wenn Ihnen ein anderes Symbol lieber ist, können Sie dieses natürlich gerne benutzen.) Während Sie Ihre Aufmerksamkeit auf das Muster richten, mit dem Sie Schwierigkeiten haben, wählen Sie als Symbol dafür ein Wort und projizieren es vor sich, an eine Stelle direkt außerhalb Ihrer Blase der Liebe.

Lassen Sie nun die Libelle (oder das Symbol, das Sie alternativ für sich gewählt haben) mit dem Muster interagieren. Welche Teile des Musters findet die Libelle in Ordnung? Dies spiegelt wider, dass *Sie* sie in Ordnung finden. Erlauben Sie der Libelle, diese Teile, die Sie liebevoll akzeptieren, in Ihre Blase der Liebe hineinzutragen.

Wenn die Libelle damit fertig ist, schauen Sie ihr zu, wie sie zu dem Muster direkt außerhalb Ihrer Blase der Liebe zurückkehrt und über den restlichen Teilen in der Luft schwebt.

Achten Sie darauf, welche Teile des Musters die Libelle *nicht* in Ordnung findet. Dies spiegelt wider, dass *Sie* sie nicht in Ordnung finden. Diese verbleibenden Teile sind die, die etwas mit „Ich liebe dich und ... NEIN danke" zu tun haben. Sie brauchen diese Aspekte, Situationen oder Umstände nicht in Ihre Blase der Liebe aufzunehmen, um zu beweisen, dass Sie zu bedingungsloser Liebe fähig sind.

Inwiefern unterstützen Feld 120 und die Libelle als Symbol Sie in Ihrer Fähigkeit, zwischen Ihrer Liebe und der Akzeptanz der jeweiligen Umstände zu unterscheiden? Notieren Sie sich Gedanken, Emotionen, Empfindungen oder Erinnerungen an Erfahrungen, die als Antwort auf diese Frage auftauchen. Alles, was Ihnen da in den Sinn kommt, ist in Ordnung und akzeptabel. Alles, was ehrlich ist, ist willkommen.

Inwiefern versetzt Feld 120 Sie dazu in die Lage, das wahre authentische Selbst und alles, womit Sie in Beziehung stehen, so zu achten, dass es lauten könnte: „Ich bin Liebe und gleichzeitig kann ich diese Entscheidungen mit meiner Integrität nicht in Einklang bringen. Sie sind für mich nicht stimmig. Ich wähle diesen Weg hier drüben, der eine adäquatere Widerspiegelung meines wahren authentischen Selbst ist. Ich liebe dich und sage nein zu dir, damit ich ja zu mir sagen kann." Geben Sie Feld 120 und dem Symbol der Libelle immer dann ein Signal, wenn Sie klares Licht für Ihren Flug brauchen oder Unterstützung, um sagen zu können: „Ich liebe dich und … nein. Ich liebe dich und … ja!"

Feld 121

„Fertig" als Möglichkeit der Unterscheidung

Was bedeutet „Fertig und vorbei"?

„Fertig und vorbei" hat viele, ganz viele Schichten. Vielleicht taucht jedes Mal, wenn wir denken, wir wären mit einem Muster ganz „durch", eine neue Ebene von „Fertig und vorbei" auf. Diese neue Ebene lässt uns aus einem anderen Blickwinkel des holografischen Prismas wieder etwas anderes erkennen, was wir bis dahin noch nicht bemerkt hatten. Es ist, als würden wir einen Diamanten von einer neuen Seite betrachten, aus einem neuen Blickwinkel, in einem anderen Licht, sodass sich andere Feinheiten, andere Informationsmuster im Gewahrsein spiegeln.

Auf der Ebene der ultimativen Transformation bedeutet „fertig" oder „vorbei", dass die Muster, in die wir verstrickt waren und die uns daran gehindert haben, ganz und gar bedingungslos zu lieben, nun gelöst sind.

Auf dieser Transformationsstufe ist „vorbei" so vollständig, dass wir im Zusammenhang mit dieser Erfahrung keinen Schmerz mehr wahrnehmen. Es ist, als hätten wir uns ein Muster aus jedem Blickwinkel angesehen und unzählige Unterscheidungen getroffen und Feinheiten begriffen, sodass unsere Wahrnehmung von dem geometrischen Gitter dieses Musters vollständig ist. Feld 121 unterstützt uns darin, mit *den* Mustern in unserer persönlichen Realität „fertig" zu sein, die *nicht* die diamantene Leuchtkraft der Selbstliebe in Beziehung zu … Allem besitzen.

Die verschiedenen Schichten von „Fertig und vorbei" unterscheiden sich voneinander; in *Das kleine Buch der großen Potenziale* sind sie detailliert beschrieben. Für diese Informationen, die Ihnen helfen, genauer zu verstehen, wo Sie sich in diesem Feld gerade befinden, darf ich Sie auf dieses Buch verweisen.

Als Symbol für Feld 121 wählen wir den Diamanten. Alle Diamanten sind in ihrer individuellen Brillanz absolut perfekt. Der Schliff eines Diamanten bestimmt, wie und in welchem Winkel sich das Licht bricht, je nachdem, welchen Blickwinkel wir einnehmen. Jedes Muster in unserem Liebeshologramm hat eine diamantenähnliche Qualität und bietet uns die Möglichkeit, in unserem Gewahrsein neue Unterscheidungen zu treffen. Durch das diamantenähnliche Prisma von Feld 121 entdecken wir vielleicht Klarheit und weise Dinge über uns selbst und auch über das, womit wir in Beziehung stehen.

Bereit für neue Erfahrungen? Dann lassen Sie uns beginnen ...

Lassen Sie sich in Ihr Herzfeld sinken und zentrieren Sie sich in Ihrer Blase der Liebe. Geben Sie Feld 101 ein Signal, wenn Sie Unterstützung brauchen. Signalisieren Sie Ihre Intention, sich mit Feld 121, „Fertig und vorbei", zu verbinden, und projizieren Sie das Bild eines Diamanten vor sich, direkt außerhalb der Grenze Ihrer Blase der Liebe.

Denken Sie nun an ein Muster, mit dem Sie fertig sein wollen. Ordnen Sie diesem Muster ein Symbol zu – zum Beispiel ein Bild, ein Wort oder eine Farbe. Projizieren Sie es in das Bild des Diamanten vor Ihnen hinein.

Fragen Sie sich anhand der Beschreibung der verschiedenen Ebenen von „Fertig und vorbei" in *Das kleine Buch der großen Potenziale*, welche davon am ehesten auf das Muster zutrifft, dessen Symbol sich in Ihrem Diamanten befindet.

Während Sie dieses Muster in dem Diamanten betrachten, der Sie mit Feld 121 verbindet, drehen und wenden Sie den Edelstein so, dass sich das Licht immer wieder anders in ihm bricht und verschiedene Blickwinkel ans Licht kommen dürfen.

Welche Aspekte des Musters, die Sie zuvor nicht bemerkt haben, nehmen Sie nun aus dem neuen Blickwinkel wahr? Machen Sie sich Notizen, wenn Sie mögen. Welchen Teil der „Fertig-Konfiguration" repräsentiert dieses neue Prisma des Gewahrseins? Drehen Sie das Muster nochmals, um wieder einen anderen Blickwinkel darauf zu haben und weitere neue Einsichten zu gewinnen. Schreiben Sie sich alle Erkenntnisse auf, die sich in Ihrem „Fertig und vorbei"-Diamanten spiegeln.

Wie viele Teile des Musters im Diamanten scheinen ein Nicht-fertig-Sein zu verraten, eine Einladung zur Selbstliebe also? Inwiefern ermöglichen die Selbstliebe als Selbst-das-einfach-ist und die Verbindung zu Feld 121 es, dass sich die verschiedenen Facetten des „Nicht-fertig"-Musters nun erschließen, transformieren, lösen und neu konfigurieren?

„Fertig" hat schon begonnen. Wie würde der Diamant aussehen, wenn Sie bereits fertig im Sinne von „Fertig-Fertig" wären? Reflektieren Sie einen Moment über diese Brillanz. Verbinden Sie sich jederzeit mit Feld 121 „Fertig und vorbei" und seinem Symbol des Diamanten, wenn Sie Hilfe dabei benötigen, das diamantenähnliche Spektrum von „Fertig" näher zu beleuchten.

Feld 122

Freiheit von Abhängigkeiten

Feld 122 unterstützt die Loslösung von gewohnheitsmäßigen Auslagerungen konditionierten Verhaltens, die sich in Form von Abhängigkeiten als Platzhalter ausdrücken können. Feld 122 stellt die Integrität, Verbindung und Ganzheit für die fragmentierten Teile des Gewahrseins wieder her, die alle Suchtmuster hervorrufen und aufrechterhalten.

Alle Abhängigkeiten sind Platzhalter im Gewahrsein und stellen einen Versuch dar, das wahre authentische Selbst zu finden und es gleichzeitig zu vermeiden. Das Suchtverhalten, eigentlich ja ein Platzhalter, dient den Süchtigen als gewohnheitsmäßige Strategie, damit sie nicht erkennen müssen, dass das Selbst ein absolut ganzes, vollkommenes und grenzenloses Wesen ist, das die Erfahrung von Begrenztheit macht.

Das Muster als Platzhalter dient als gewohnheitsmäßige Strategie, die Erfüllung und Akzeptanz des wahren authentischen Selbst im Außen zu finden, in etwas außerhalb des Selbst, das naturgemäß und beständig leer ist. Durch das Anerkennen dieser Tatsache entsteht die Freiheit, die Wahrnehmung neu zu programmieren, die Integrität willkommen zu heißen, in vollkommener Akzeptanz von der Krankheit zum *Flow* zu finden und dann eine neue Wahl zu treffen.

Dies ist ein Feld der Freiheit: der Freiheit, Sie und ich zu sein, in der Freude des Daseins. Feld 122 unterstützt die Freiheit von Süchten, die ja einen Zwang darstellen – und somit die Freiheit, durch die Kraft der Selbstliebe und der persönlichen Wahlfreiheit zu leben und zu lieben.

Dieses Feld begreift Sucht als Chance dafür, dass eine integre Bewegung hin zur Einheit eines ungeteilten Selbst entstehen kann, kohäsiv, ganz und transparent.

Als Symbol für Feld 122 wählen wir den Schmetterling. (Selbstverständlich können Sie für sich ein anderes Symbol wählen, wenn Sie möchten.) Der Schmetterling symbolisiert Freiheit, Transformation und Freude. Der

Tanz des Schmetterlings spiegelt den Impuls, der uns von da, wo wir sind, zur nächsten Phase unseres Seins befördert.

Wie ein Schmetterling, der allen Mut zusammennimmt, um sich aus seinem Kokon zu befreien, brauchen auch wir Mut, wenn wir uns aus einem Suchtverhalten lösen wollen und uns jenseits unserer Zwänge und Gewohnheiten der Selbstvermeidung einem Raum der Gnade öffnen wollen, in dem wir wieder Wahlmöglichkeiten haben. Feld 122 und das Symbol des Schmetterlings unterstützen uns in den Metamorphosen, die wir auf dem Weg zur Freiheit durchlaufen.

Wenn die Raupe sich verpuppt, begreift sie anfangs nicht, was da geschieht. Wenn wir unsere Suchtmuster kreieren, begreifen wir anfangs auch nicht, was da geschieht. Irgendwie beginnen wir dann, sehr an unserer Welt der Vermeidung und der süchtig machenden Art des Seins zu hängen, doch wir sind noch nicht ganz bereit dafür, eine neue Welt zu betreten. Wir spinnen uns in unsere Süchte ein. Unser Kokon besteht im Wesentlichen aus dem Müll, der sich im Zuge von Suchtmustern akkumuliert. Die Raupe muss sich von ihrer Anhaftung an den Kokon lösen, um zum Schmetterling zu werden. Wir müssen uns davon lösen, uns hinter unseren süchtig machenden Verhaltensweisen zu verstecken, damit wir frei sein können.

Wie für die Raupe der Kokon, so stellt auch für uns diese Verkapselung in der Sucht anfangs eine Unterstützung dar. Sie scheint hilfreich zu sein. Wir können damit eine Schutzschicht, ja sogar eine Barriere zwischen dem wahren authentischen Selbst und der Welt aufbauen, zwischen unserem

Herzen und unserer Wahrheit, zwischen unserer Seele und unseren Schöpfungen.

Wir können es vermeiden, uns als Reflexion der Liebe zu sehen, denn alles, was wir sehen, sehen wir durch die Linse unserer Sucht, unseres Kokons, unseres Zufluchtsorts, der uns vor Transparenz und Authentizität bewahrt.

Früher oder später fühlt sich unser Kokon der Sucht allerdings zu eng an, denn er hindert uns daran, uns über die Grenzen der festen Form unserer lähmenden Süchte hinauszubegeben, uns frei zu bewegen und neu und anders auszudrücken. Feld 122 fördert die Bewegung weg von einem trügerischen Gefühl der Sicherheit, das durch die Suchtmuster entstanden ist, und hin zu der Liebe und Freiheit, die dem wahren authentischen Selbst Flügel verleihen.

Dieses Feld unterstützt unsere Metamorphose von der verpuppten Raupe zum Schmetterling, ohne Wertungen und ohne Ausreden. In der Befreiung aus der Sucht gibt es kein „Wenn und Aber". Wir haben ganz einfach das Recht darauf, diese Befreiung zu erleben; sie ist wie alle Lösungen ein Schritt in der Verkörperung, die unsere Seele erfährt.

Bereit für neue Erfahrungen? Dann lassen Sie uns beginnen ...

Lassen Sie sich ins Herzfeld sinken und zentrieren Sie sich in Ihrer Blase der Liebe. Geben Sie Feld 101 ein Signal, wenn Sie sich dabei Unterstützung wünschen.

Richten Sie Ihre Aufmerksamkeit auf ein Muster in Ihrem Leben, das Ihnen Schwierigkeiten bereitet und das man als Sucht bezeichnen könnte. Wenn Sie gerne mehr über den Unterschied zwischen Sucht und freier Wahl erfahren möchten, darf ich Sie auf das entsprechende Kapitel mit der umfassenden Erklärung dieses Feldes in *Das kleine Buch der großen Potenziale* verweisen.

Wenn Sie möchten, beschreiben Sie dieses Muster kurz. Zu welchen Gefühlen, Empfindungen, Gedanken oder Erlebnissen kommt es als Folge dieses sich wiederholenden Verhaltens?

Wenn Sie sich mit diesem Ihrem Verhalten beschäftigt haben, fühlen Sie sich dann isoliert, verwirrt, voller Schuldgefühle oder Bedauern? Ist die Sucht die einzige Möglichkeit für Sie, vorübergehend das Gefühl zu haben, in Ordnung zu sein (während Sie danach aber sofort wieder das Gefühl haben, *nicht* okay zu sein)? Fühlen Sie sich irgendwie hilflos oder gelähmt, einfach nicht dazu imstande, damit aufzuhören? Haben Sie das Gefühl, es gebe keinen Ausweg?

Haben Sie ein Gefühl von Druck, wenn Sie der Sucht gerade nicht frönen? Von einem Druck, der sich scheinbar nur mithilfe des süchtigen Verhaltens vertreiben lässt?

Lassen Sie die Emotionen an die Oberfläche kommen und erlauben Sie sich, ehrlich und ohne Scham zu fühlen, was auch immer gerade da ist.

Signalisieren Sie nun Ihre Intention, sich mit Feld 122 zu verbinden – Freiheit im Sinne der Freiheit von Sucht. Lassen Sie das Symbol des Schmetterlings in Ihrer Blase der Liebe auftauchen. Dies repräsentiert die Resonanz mit Feld 122.

Wenn Sie vom Schmetterling Informationen darüber erhalten könnten, was Sie auf der anderen Seite der Sucht erwartet, was würden Sie dann bemerken? Welche Aspekte der Freiheit von Sucht könnte der Schmetterling Ihnen vor Augen führen, die Sie dazu einladen würden, sich aus dem Kokon der Sucht zu befreien, Ihre Flügel zu entfalten und frei zu fliegen?

Als der Schmetterling noch verpuppt war, wusste er nicht, welche Chancen und Blickwinkel ihn nach der Transformation erwarten würden. Vom Inneren des Kokons aus ließ sich nicht ersehen, was vor ihm, in der Freiheit, lag. Der Schmetterling konnte entstehen, weil die Raupe sich auf die Informationsfelder einstimmte, die sie dazu anleiteten, sich aus dem Kokon hinauszubegeben.

Verlassen Sie sich nicht nur auf das, was Sie zu wissen glauben, wenn Sie ein Suchtmuster hinter sich lassen wollen. Bitten Sie die Felder, das Universum und andere Menschen um Hilfe. Viele können Ihnen da die Hand reichen oder eine hilfreiche Umarmung anbieten und liebevoll die Bewegungen oder Schritte beleuchten, die für die Befreiung aus dem Kokon der Sucht nötig sind. Die Verbindung mit Feld 122 signalisiert anderen Schmetterlingen, dass Sie Führung und Begleitung gebrauchen könnten. Seien Sie sich dessen bewusst, dass Sie nie allein sind und dass Sie sich zu keinem Zeitpunkt damit abfinden müssen, den Rest Ihres Lebens eingesperrt in einem Kokon der Sucht verbringen zu müssen.

Schreiben Sie ganz ehrlich alles auf, was Ihnen da in den Sinn kommt, wenn Sie an dieses Suchtmuster und das Feld der Freiheit denken, das Ihnen offensteht, wenn Sie sich dafür entscheiden. Entscheiden Sie sich einfach!

Inwiefern könnte eine beständige Verbindung mit diesem Feld, die von jetzt an besteht, Sie dabei unterstützen, sich von dem zwanghaften Verhalten weg- und zur Kraft der freien Wahl hinzubewegen? Inwiefern ließe sich diese Unterstützung durch die Kombination von Feld 122 mit anderen Feldern noch weiter verstärken? Wenn Sie wüssten, welche Felder für Sie eine optimale Kombination mit Feld 122 ergeben würden, was käme Ihnen da in den Sinn? Alle Felder stehen für Hilfe zur Verfügung. Signalisieren Sie einfach Ihre Absicht, sich zu verbinden, und nennen Sie die Zahl des Feldes oder sein Symbol. Achten Sie darauf, wie die Verbindung mit mehr als einem Feld eine exponentielle Wirkung haben kann.

Erheben Sie sich mithilfe der Unterstützung von Feld 122 über alle Suchtmuster. Sie sind nicht Ihr Kokon. Sie sind nicht Ihre Süchte. Sie sind Liebe, die es verdient, wie ein Schmetterling völlig frei überall hinzufliegen. Fliegen Sie!

𝓕eld 123

Seelenaufgabe – Lebenszweck

Feld 123 fördert die Resonanz mit unserer Fähigkeit, unseren Lebens-zweck zu leben, mit der Inspiration der Seele, dem Funken im Feld des Herzens, dem aktivierenden Impuls unseres kreativen Willens und der Umsetzung im Handeln.

Feld 123 verbindet uns mit unserer göttlichen „Blaupause", bringt sie zuerst durch das Feld des Herzens und dann durch unseren Geist (besonders die Zirbeldrüse) in uns zum Vorschein und verknüpft sie mit der Fähigkeit, eine Wahl zu treffen. Dieses Feld ermöglicht es uns, unsere einzigartige göttliche Prägung in der dreidimensionalen Wirklichkeit abzubilden

Dieses Feld stärkt unseren Mut, sodass wir es wagen, zuerst zu träumen und dann auch zu handeln, um den Traum zu verwirklichen und zu erleben. Feld 123 erleichtert es uns, unsere einzigartige Seelensignatur als unseren Lebenssinn und -zweck zu verkörpern, zu leben und auszudrücken. Dieses Feld unterstützt das resonante innere Wissen um unsere Seelenaufgabe, den Hauptgrund dafür, dass wir hier in dieser Verkörperung Teil der kreativen Kraft sind.

Als Symbol für dieses Feld wählen wir den Kiefernzapfen. In seiner Struktur begegnen wir wieder einer perfekten Fibonacci-Folge, die spiral-förmig in beide Richtungen läuft, ganz ähnlich wie bei der Sonnenblume. Die Zirbeldrüse oder *Glandula pinealis* ist wegen ihrer Form nach der Zir-belkiefer beziehungsweise nach den Zapfen dieses Baums benannt. Diese Drüse sitzt im geometrischen Zentrum des Gehirns und ist eng mit der Lichtwahrnehmung des Körpers verbunden. Viele betrachten sie auch als unser biologisches drittes Auge und als „Sitz der Seele".

Feld 123 dient dazu, unsere Verbindung mit unserem multidimensiona-len Gewahrsein über das Zusammenwirken von Herzfeld und Zirbeldrüse zu aktivieren. Die Resonanz mit Feld 123 ermöglicht eine größere Kohä-renz mit unserem primären Daseinszweck und eine deutlichere Erinnerung daran. Unser primärer Daseinszweck ist die Liebe, allerdings haben wir jeweils auch noch bestimmte zusätzliche Aufträge zu erledigen.

Bereit für neue Erfahrungen? Dann lassen Sie uns beginnen ...

Lassen Sie sich ins Herzfeld sinken und zentrieren Sie sich in Ihrer Blase der Liebe. Stellen Sie sich vor, wie es wäre, wenn Sie völlige Klarheit über Ihre Lebensaufgabe hätten und darüber, wie Sie sie in Ihrem Leben ab jetzt noch besser erfüllen könnten.

Signalisieren Sie Ihre Intention, sich mit Feld 123 zu verbinden. Visualisieren Sie dazu den Kiefernzapfen als Symbol in Ihrer Blase der Liebe direkt über Ihrem Kopf. Verbinden Sie in Ihrem Gewahrsein als Zeichen der Resonanz mit Feld 123 Ihr Herzfeld mit dem Kiefernzapfen über Ihrem Kopf und sehen Sie dabei, wie er weißes Licht durch Ihren Kopf und weiter nach unten in Ihr Herzfeld strahlt. Während diese kohärente Lichtverbindung bestehen bleibt, erkunden Sie Ihre Gedanken, Empfindungen, Emotionen oder Erinnerungen an Erlebnisse, die auftauchen, wenn Sie sich im Geiste mit der Aufgabe Ihrer Seele beschäftigen. Machen Sie sich Notizen, wenn Sie mögen.

Welche Bilder, Symbole, Farben oder Klänge, die Ihren Lebenszweck repräsentieren könnten, kommen Ihnen in den Sinn oder tauchen in Ihrer Blase der Liebe auf? Was auch immer sich zeigt ist perfekt.

Überlegen Sie sich, inwiefern eine beständige Verbindung mit Feld 123 Sie darin unterstützen kann, Ihren Fokus und Ihre Ent-

scheidungen so auszurichten, dass sie wieder Ihrer göttlichen Blaupause entsprechen. Machen Sie sich außerdem bewusst, dass Feld
123 Ihnen auch dabei helfen kann, zu erkennen, wo Sie bereits im
Einklang damit leben. Dieses Feld dient in hervorragender Weise
dazu, uns erkennen zu lassen, inwiefern wir in vielerlei Hinsicht
schon erreicht haben, wofür wir hierhergekommen sind; aber wir
haben diese Ausdrucksformen möglicherweise als scheinbar unbe-
deutend abgetan.

Feld 123 – aktiviert mithilfe des Kiefernzapfens als Symbol –kann
uns dabei helfen, uns dafür zu öffnen, dass wir unsere einzigartige
Seelensignatur in den ganz alltäglichen Erfahrungen erkennen und
leben.

Feld 124

Planetares Gleichgewicht und planetare Einheit

Feld 124 ist universelle Kohärenz, die unser Gleichgewicht, unsere Ausgeglichenheit auf allen Ebenen der Verbundenheit mit der gesamten Menschheit, der Erde, den Galaxien und wechselseitig verbundenen Sonnensystemen unterstützt. Universelle Liebe. Universelle Einheit.

Dieses Feld der universellen Liebe und Einheit unterstützt die volle Anerkennung der natürlicherweise bestehenden Verbindung zu allem und stellt die harmonische Resonanz der Liebe als Dreh- und Angelpunkt der Schöpfung wieder her. Das Alles als das Eine durch eine Feldgitterschablone der Sonne-Herz-Erde-Galaxien und die universelle Gnade als die große Gleichmacherin.

Feld 124 unterstützt die harmonische Resonanz und die Feinabstimmung mit der Schumann-Resonanz, also der Schwingung der Erde. Es synchronisiert das göttliche Timing von Feld 111 mit dem natürlichen Timing der Kohärenz der Erde.

Dieses Feld unterstützt die persönliche und globale Kohärenz, indem es Resonanz mit dem inneren Wissen fördert, dass sich der Herzschlag von allem über die Liebe synchronisieren und zu einem einzigen werden kann.

Als Symbol für dieses Feld wählen wir die Sonne und eine Palme. Die
Sonne ist ein großzügiger, liebevoller, strahlender Stern, der unablässig und
für immer auf uns herunterscheint. Sie steht für Freude, Leben, Hoffnung,
Klarheit, Erneuerung, Vitalität und Verbindung. Die Sonne ist reines Licht.
Eine Palme ist der Sonne in vielen Eigenschaften ähnlich, ist aber gleichzeitig auf dem Planeten präsent und in ihm verwurzelt. Die fächerartig
ausgebreiteten Palmwedel in ihrer Krone erinnern optisch ebenfalls an das
sternförmige Symbol der strahlenden Sonne.

Von der Palme weiß man, dass sie sowohl männliche als auch weibliche
Merkmale besitzt und ein wunderbares Beispiel für Einheit darstellt, wie
sie sich als Dualität ausdrückt. Feld 124 ist ein Feld des einheitlichen Wohl-
ergehens für alles Leben als eins, wie es sich in den vielen als das jeweils
Besondere ausdrückt. Nichts ist getrennt, auch wenn manche Dinge diesen
Anschein der Getrenntheit machen mögen. Diese gegenseitige Verbundenheit und kohäsive Einheit, die sich in der Vielfalt ausdrücken, werden durch
die Resonanz mit Feld 124 gestärkt und wiederhergestellt.

Dieses Feld ermöglicht eine bewusste Bewegung über die auf Angst
beruhenden Ansichten hinaus, dass sich die Welt am Rande der Zerstörung
befinde, hin zur Rückkehr zu liebevollen Bezugspunkten, die den Fokus
auf Gemeinsamkeit und Aufbau richten. Das Feld stärkt die universelle
Kohärenz, Kongruenz und Integrität in Aktion. Feld 124 ist ein einheitli-
cher Lebensatem für alle Lebewesen, die Bewusstsein besitzen. Atmen Sie.
Atmen Sie einfach.

Bereit für neue Erfahrungen? Dann lassen Sie uns beginnen ...

Lassen Sie sich ins Herzfeld sinken und zentrieren Sie sich in der
Blase der Liebe. Geben Sie Feld 101 ein Signal, wenn Sie sich Unter-
stützung wünschen. Signalisieren Sie vom Feld des Herzens aus Ihre
Intention, sich mit Feld 124 zu verbinden, und lassen Sie die Sonne
als Symbol in Ihr Gewahrsein treten. Mithilfe eines Strahls kohärenten weißen Lichts verbinden Sie das Sonnensymbol mit Ihrem
Herzfeld. Spüren Sie das strahlende Leuchten der Sonne in und auf
Ihrem ganzen Wesen. Welche Gedanken, Gefühle, Empfindungen
oder Erlebnisse tauchen in Ihnen auf, wenn Sie über das Symbol der
Sonne und Ihr Herzfeld mit Feld 124 verbunden sind? Machen Sie
sich Notizen darüber, wenn Sie mögen.

Bleiben Sie mit dem Symbol der Sonne verbunden und in Ihrem Herzen zentriert und lassen Sie nun das Bild einer Palme irgendwo in Ihrem Gewahrsein erscheinen. Achten Sie auf die Verbindung zwischen der Palme und der Sonne und spüren Sie buchstäblich, wie die Sonnenstrahlen jeden Teil der Palme berühren, von den Blättern über ihren Stamm bis hinunter zu den Wurzeln, die von der Erde des Planeten umschlossen werden und mit ihr vereint sind. Folgen Sie den Strahlen der Sonne noch weiter über die Wurzelspitzen hinaus zu den Gittern und signalgebenden Ley-Linien, die die Zellerinnerung der Erde enthalten.

Sehen Sie, wie die Sonne die verwirrten Zustände von Angst und Zerstörung klärt, die in diesen planetaren Informations-Super-Autobahnen möglicherweise verschlüsselt sind.

Lassen Sie Ihre Aufmerksamkeit und Ihren Fokus zu dem Teil der Palme zurückkehren, der sich oberhalb der Erde befindet. Achten Sie auf ihre einfache Schönheit, eins mit sich, eins mit der Erde, die ihr als Fundament und Nahrung für die Wurzeln dient, und eins mit der Sonne, die ihr das Licht zum Wachsen schenkt. Achten Sie auf ihre in vollkommener Weise unvollkommenen Eigenschaften. Vielleicht neigt sie sich ein wenig nach links oder hat auf der einen Seite mehr Palmblätter als auf der anderen. Es ist ihr egal. Sie sonnt sich in der Reflexion der Liebe. Sie aalt sich in der Freude des Seins. Mögen wir es ihr gleichtun!

Nehmen Sie einen tiefen Atemzug. Atmen Sie ein und lassen Sie den Atem so durch sich hindurchströmen, wie die Sonne Ihre Strahlen in alle Teile der Palme schickt. Senden Sie der Sonne, der Palme und all den miteinander verbundenen lebenden Essenzen, die dieses sich ständig ausdehnende und sich weiterentwickelnde Universum ausmachen, beim Ausatmen Liebe.

Lassen Sie diese grenzenlose Liebe, die in Ihnen ist, sich zu all den weit (und den gar nicht so weit) entfernten Galaxien jenseits unseres Sonnensystems hin ausbreiten. Lassen Sie Ihre Seele und Ihr gesamtes System sich als die Liebe, die sie sind, verbinden – jenseits der Grenzen des Multiversums und jenseits dessen, was Sie im Augenblick vielleicht erahnen oder sich vorstellen können.

Atmen Sie ein in dem Wissen: Alles ist gut. Atmen Sie aus und erkennen Sie …: Alles ist gut. Atmen Sie ein und lassen Sie die Liebe

Ihr System durchströmen, in dem alles mit allem wechselseitig verbunden ist. Atmen Sie aus und strahlen Sie Liebe in all die wechselseitig miteinander verbundenen Systeme aus. Ein Atemzug des
Lebens, eine Sonne, ein Herz und ein Baum des Lebens, verwurzelt
in der Wahrheit der Einheit.

  Vom Feld des Herzens über das Gras und die Bäume und all die
Ozeane bis zur Sonne sind wir eins. Wir sind eins. Ein-fach eins.

* * *

Seien Sie „ein-ig" mit dieser Sicht der Dinge und öffnen Sie sich dem
Ozean der Liebe, der Ihnen im Herzfeld und überall sonst, wo Sie hingehen
mögen, offensteht. Wo auch immer Sie sind, finden Sie in diesen Feldern
der Liebe Unterstützung. Nehmen Sie sich die Freiheit, den Feldern nach
Ihrem Belieben das Signal zur Aktivierung zu geben, einen Herzschlag
nach dem anderen, synchron mit dem universellen Herzschlag des Lebens,
im Rhythmus mit allem, was auch Liebe ist. Wir können jederzeit beschließen, gemeinsam und voller Freude in Feldern der Liebe zu spielen!

Melissa Joy

Abbildungsverzeichnis

Seite 9: shutterstock.com / Lenka Horavova
Seite 11: shutterstock.com / Andrey Starostin
Seite 19: shutterstock.com / Matt Gibson
Seite 20: shutterstock.com / Rich Carey
Seite 23: shutterstock.com / Eugene Sim
Seite 23: shutterstock.com / Eugene Sim
Seite 28: shutterstock.com / Andrey_Kuzmin
Seite 31: shutterstock.com / rtbilder
Seite 35: shutterstock.com / Aleksandar Mijatovic
Seite 36: shutterstock.com / gornjak
Seite 41: shutterstock.com / SueC
Seite 47: shutterstock.com / outc
Seite 48: shutterstock.com / Wiktoria Pawlak
Seite 49: shutterstock.com / bajinda
Seite 54: shutterstock.com / NKAI9999
Seite 58: shutterstock.com / Korvit
Seite 58: shutterstock.com / Igor Zh.
Seite 59: shutterstock.com / Ewais
Seite 62: shutterstock.com / Martatoriy
Seite 67: shutterstock.com / Kotomiti Okuma
Seite 71: shutterstock.com / Netfalls Remy Musser
Seite 75: shutterstock.com / Lotus Images
Seite 78: shutterstock.com / Chepko Danil Vitalevich
Seite 81: shutterstock.com / Cranach
Seite 83: shutterstock.com / DenisFilm
Seite 84: shutterstock.com / jaboo2foto
Seite 86: shutterstock.com / AridOcean
Seite 90: shutterstock.com / EyeLights West
Seite 95: shutterstock.com / posteriori
Seite 98: shutterstock.com / suns07 butterfly
Seite 103: shutterstock.com / Chorch
Seite 105: shutterstock.com / J'nel
Seite 108: shutterstock.com / PHOTOCREO Michal Bednarek
Seite 110: Melissa Joy Jonsson / Masson

Über die Autorin

Melissa Joy Jonsson (M-Joy) ist Autorin und Seminarleiterin und inspiriert Menschen dazu, den Zugang zum universellen Bewusstsein zu suchen und damit ihre wahre authentische Kraft und Macht zu ergreifen, indem sie im Feld des Herzens spielen. Sie vermittelt einen ganz eigenen, bemerkenswerten Ansatz dafür, wie wir fähig werden, freudvoll zu leben und rückhaltlos zu lieben.

Seit 2008 unterrichtet sie rund um den Globus die beliebten Matrix-Seminare, die das Potenzial haben, ein Leben zu verändern. 2014 startete sie ihre M-Joy-Seminarreihe, mit der sie herzzentriertes Gewahrsein und persönliche Selbstermächtigung vermittelt. In ihren Seminaren verbindet sie wissenschaftliche Grundlagen und spirituelle Ideen zu Anleitungen für praktische Selbsterfahrungen.

Melissa Joy Jonsson studierte Psychologie an der *University of California* in Santa Barbara. Sie absolvierte auch eine Ausbildung in Betriebswirtschaft und war dann rund 15 Jahre für die pharmazeutische Industrie tätig, bevor sie ihre ganz spezifische persönliche Lebensperspektive entwickelte.

Bei VAK hat sie bereits zwei Bücher veröffentlicht: *Die faszinierende Energie der Matrix erleben* (2014) und *Das kleine Buch der großen Potenziale* (2016). Zusammen mit Richard Bartlett schrieb sie das Buch *Die Physik der Wunder* (2010). Mit großer Leidenschaft und mit praktischen, kreativen Ideen animiert sie ihre Leser(innen) und Zuhörer(innen) dazu, ihr wahres authentisches Selbst zu verwirklichen. Nähere Informationen über ihre Arbeit sind auf ihrer (englischsprachigen) Website zu finden: http://www.mjoyheartfield.com

Melissa Joy Jonsson:

Die faszinierende Energie der Matrix erleben
Mit praktischen Anleitungen
Leseprobe: www.vakverlag.de

Unsere früheren Erfahrungen und daraus resultierende Überzeugungen empfinden wir oft als unüberwindbare Hindernisse. Dieses Buch führt Sie ins Feld des Herzens, wo Sie die Verbindung zum universellen Bewusstsein knüpfen. Dort haben Sie Zugang zu Ihrer inneren Stimme, Ihrer inneren Weisheit. Herzzentriertes Gewahrsein weist so den Weg zu Ihrem wahren authentischen Selbst, zu Ihrem unbegrenzten Potenzial und der Fähigkeit, es im Alltag anzuwenden – sei es, dass Sie Ihre Beziehungen neu gestalten, eine Krankheit heilen, sich beruflich verändern oder auch nur Gewicht abnehmen möchten.

216 Seiten, Paperback (15 x 21,5 cm)
ISBN 978-3-86731-157-1

Melissa Joy Jonsson:

Das kleine Buch der großen Potenziale
Die transformierende Kraft der 24 Bewusstseinsfelder erleben
Leseprobe: www.vakverlag.de

Die Autorin nimmt die Leser mit auf eine von spielerischen Selbsterfahrungsübungen begleitete Reise, auf der sie den Kontakt zu ihrem wahren authentischen Selbst vertiefen und für sich die ungeahnten Potenziale der Selbsterfahrung erschließen können. 24 Bewusstseinsfelder repräsentieren universale Prinzipien – das universelle Herzfeld oder das Feld der Beziehung und Übereinstimmung –, die wie Mosaikbausteine unsere Realität zusammensetzen. Wenn wir mit diesen Facetten des Bewusstseins in Resonanz sind, schöpfen wir das uns immanente grenzenlose Potenzial voll aus.
304 Seiten, Paperback (15x21,5 cm)
ISBN 978-3-86731-179-3

Tom Stone:

Emotional Mastery
So meistern Sie belastende Emotionen
Leseprobe: www.vakverlag.de

Die emotionale Kompetenz und Souveränität, die dieses Buch vermittelt, eröffnet einen neuen Weg zum Auflösen alter Ängste, Traumata und tiefsitzender emotionaler Reaktionsmuster. Sie befreien sich von alten Konditionierungen und sind Ihren Emotionen nicht länger ausgeliefert. Der Autor hat bereits vielen Menschen geholfen, posttraumatische Stresssymptome, Depressionen oder Süchte zu überwinden. Die Methode eignet sich aber auch bestens zur Selbsthilfe bei weniger schwerwiegenden Problemen wie Ärger, Schüchternheit, Enttäuschung, Kummer oder Trauer. Sie erschließt neue, positive Lebensperspektiven und mehr Lebensfreude.

176 Seiten, 14 Abbildungen, Paperback (15 x 21,5 cm)
ISBN 978-3-86731-155-7

Abonnieren Sie unseren Newsletter (gratis) unter: www.vakverlag.de

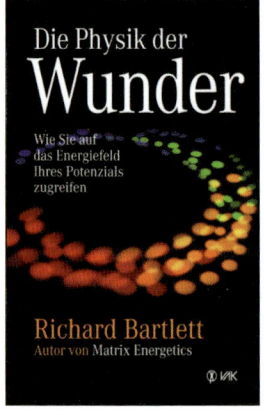